Georg Wegener

Deutschland im Stillen Ozean

Verlag
der
Wissenschaften

Georg Wegener

Deutschland im Stillen Ozean

ISBN/EAN: 9783957001115

Auflage: 1

Erscheinungsjahr: 2014

Erscheinungsort: Norderstedt, Deutschland

Hergestellt in Europa, USA, Kanada, Australien, Japan
Verlag der Wissenschaften in Hansebooks GmbH, Norderstedt

Cover: Foto ©Birgit Winter / pixelio.de

Deutschland im Stillen Ozean

Samoa, Karolinen, Marshall-Inseln,
Marianen, Kaiser-Wilhelms-Land, Bismarck-Archipel und Salomo-Inseln

Von

Georg Wegener

Mit 140 Abbildungen nach photographischen Aufnahmen
und einer farbigen Karte.

Bielefeld und Leipzig
Verlag von Velhagen & Klasing
1903

Inhalt.

Vorwort.

Im Jahre 1900 führte mich eine durch die Einverleibung Samoas in den deutschen Besitz angeregte Reise, zu deren Kosten die Verlagshandlung einen namhaften Beitrag leistete, in die Südsee und gab mir Gelegenheit, außer den Marshall-Inseln und den Salomo-Inseln, sämtliche deutschen Inselgruppen zu besuchen. Die dabei gewonnenen Eindrücke bilden neben den literarischen Studien über unsere deutschen Schutzgebiete die Grundlage der folgenden Darstellung. Die beigefügten Photographien, soweit sie nicht von mir selbst aufgenommen, bezw. an Ort und Stelle käuflich erworben sind oder nicht bereits im Besitz der Verlagshandlung waren, verdanke ich der Liebenswürdigkeit der Herren: Direktor von Beck, Marine-Stabsarzt Dr. Hansen, Konsul Eduard Hernsheim, Gouverneur Dr. Solf und Syndikus Dr. Tetens in Bremen. Aufnahmen des Verfassers sind mit * bezeichnet.

Es geht gegenwärtig in Bezug auf unsere Kolonien ein Zug von Kleinmut durch weite Kreise unseres Volkes; die bisherigen materiellen Erfolge entsprechen den Hoffnungen nicht, die sie sich in romantischer Unklarheit davon gemacht haben. Man geht hier und dort sogar schon so weit, ein etwaiges Wiederzurückziehen Deutschlands aus der Südsee oder einen Austausch einzelner Inselgruppen gegen andere Besitzungen ins Auge zu fassen. Alle aber, die wie ich selbst das unvergeßliche Glück gehabt haben, an den schönheitprangenden Küsten dort jenseits des Erdballs zu weilen, alle, denen die warme Blutwelle aus dem Herzen quoll, wenn sie nach wochenlanger Fahrt durch fremde Welten die kraftvollen schwarz-weiß-roten Farben über den grünen Palmenwipfeln flattern sahen, alle, die in jenen Fernen die kühne Energie deutscher Arbeiten, den Ernst deutscher Pflichterfüllung kennen gelernt und einen Blick in die Größe der Kulturaufgaben, in die Tiefe und Tragweite der wissenschaftlichen Probleme getan haben, die uns dort zu lösen aufgegeben sind, sie alle werden mit mir solchen Tendenzen das eine Wort entgegensetzen, das einst in einem anderen Sinne von seinem Monarchen dem Manne gesagt wurde, dem wir den Besitz eines deutschen Südsee-Reiches verdanken, das königliche: Niemals! Ihnen entbiete ich durch dieses kleine Buch meinen Gruß.

Berlin, im Frühjahr 1903.

Dr. Georg Wegener.

Abb. 2. In der Bucht von Apia. (Zu Seite 26.)

Deutschland im Stillen Ozean.

I.

Einleitung: Die Welt der Südsee-Inseln.

Am 25. September des Jahres 1513 näherte sich eine kleine Schar spanischer Abenteurer in unsäglich mühsamem Marsch dem Kamm der Kordilleren, die sich von der Landenge von Panama nach Südwesten dem Festlande von Amerika zu erstrecken. Auf schmalen Indianerpfaden waren sie vom Golf von Darien aus durch das Urwaldsdunkel aufwärts geklettert, um das große neue Meer zu suchen, das jenseits der Berge liegen sollte und bis dahin noch von keines Europäers Auge erschaut worden war. Jetzt gebot der Führer des Trupps, Vasco Nuñez Balboa, den Seinen Halt; er wollte allein die Ehre genießen, den ersten Blick auf dieses Meer zu tun. Mit dem einheimischen Führer eilte er voraus und erreichte den Rücken des Gebirges. Wirklich, dort lag, spiegelnd im Sonnenglanze, eine grenzenlose Ozeansfläche vor ihm. Der rauhe Mann fiel auf die Kniee, küßte den Boden und dankte Gott und allen Heiligen für die Gnade, daß ihm dieser Anblick vergönnt wurde. Hierauf winkte er den Gefährten. Alle sanken mit ihm auf die Kniee und stimmten jubelnd einen Lobgesang an.

Da das Meer, wie ein Blick auf die Karte zeigt, von dem mittelamerikanischen Isthmus aus im Süden gelegen ist, so erhielt es den Namen Mar del Sur, d. i. „Südsee", und eine merkwürdige Fügung hat es gewollt, daß dieser im Grunde wenig treffende Name sich neben den anderen ihm später gegebenen bis heute behauptet hat. Noch gegenwärtig nennen wir, wenigstens den südlichen Teil des Großen Ozeans, gewöhnlich den ganzen Bereich, über den die große Inselflur dieses Meeres ausgestreut ist, die Südsee, und diese Eilande die Südsee-Inseln.*)

Balboa ergriff damals in feierlicher Handlung von dem gesamten entdeckten Meere mit allen seinen Küsten und Inseln für den König von Spanien Besitz. Wie ungeheuerlich diese Ansprüche in Wirklichkeit waren, konnte er freilich kaum ahnen. Heute liegt das von ihm zuerst erblickte Meer als der gewaltigste aller Ozeane vor uns, mit seinem fast kreisförmigem Rund nahezu die Hälfte des Erdballes überdeckend.

*) Die Bezeichnung „Stiller Ozean" verdankt ihre Entstehung einer ähnlich zufälligen Beobachtung seines ersten Entdeckers, Ferdinand Magalhães, der bei seiner Durchquerung von Südamerika nach den Philippinen dies Meer im Gegensatz zum Atlantischen ohne Sturm passierte und es deshalb Mar Pacifico nannte. Der Name „Großer Ozean" endlich ist im Jahre 1752 von dem französischen Geographen Buache vorgeschlagen worden. So sehr er auch die sachliche Berechtigung besitzt, die den beiden anderen abgeht, so hat er sie doch nicht zu verdrängen vermocht.

Abb. 1. Der Wasserfall Papaseea. (Zu Seite 25.)

Die historische Entwickelung hat es gefügt, daß gerade wir Deutsche nebst den Amerikanern mit der Übernahme der Philippinen, Karolinen und Marianen Bruchstücke jenes ungeheuren spanischen Kolonialreichs geerbt haben, das Balboas Kühnheit im Bereich dieses Meeres erträumt und das noch seine Zeitgenossen wirklich zu errichten begonnen hatten.

Die Entstehung des heutigen deutschen Kolonialbesitzes in der Südsee ist ideell zurückzuführen auf die Energie und Weitsichtigkeit des deutschen Kaufmanns, und insbesondere auf diejenige einer Firma, des Hamburger Handelshauses Cäsar Godeffroy. Dieses begann in den fünfziger Jahren des vorigen Jahrhunderts seine überseeischen Handelsunternehmungen auf die damals kommerziell noch fast jungfräuliche Welt der Südsee-Inseln auszudehnen. Der Handelsgegenstand, der dazu verlockte, war in erster Linie die Perlenfischerei. Weniger die Gewinnung der Perlen selbst als die der Perlmutterschalen, die in Mengen auf den Korallenriffen wuchsen. Ferner die Einsammlung und Bereitung des Trepang, jenes in China überaus beliebten und in Massen dorthin verhandelten Präparats, das aus den getrockneten Holothurien (Seewalzen, Seegurken) hergestellt wird; daneben wurde auch das von den Eingeborenen aus den Kokosnüssen bereitete Kokosöl geschätzt.

Zum Mittelpunkt für seine Südsee-Unternehmungen entwickelte das Haus Cäsar Godeffroy die Samoa-Inseln, wegen ihrer zentralen Lage und der Leichtigkeit des Umgangs mit den Insulanern. In Apia auf Upolu wurde 1857 die erste feste deutsche Südsee-Station gegründet. Von hier aus dehnte die Firma ihre Unternehmungen mit kühnem Wagemut fast über die ganze Südsee aus. Zweigstationen wurden auf den Gruppen der Paumotu-, der Tonga-, den Tokelau-, Fidschi-, Gilbert-, Marshall-, Karolinen-Inseln u. a. m. gegründet. Ja bis nach dem heut deutschen Melanesien erstreckte Cäsar Godeffroy seine Beziehungen. Neben die bloße Einsammlung von Naturprodukten und den Tauschhandel mit den Eingeborenen trat auch die selbständige Plantagenkultur. Insbesondere schwang sich das Erzeugnis der Kokospalme an Bedeutung allmählich weit über alle anderen Erzeugnisse der Südsee, seit es dem Leiter der Faktorei in Apia, Theodor Weber, zugleich dem ersten deutschen Konsul in der Südsee, gelang, die Bereitung der Kopra zu erfinden, d. h. die Dörrung des Kokosnußfleisches. Seitdem wurde nicht mehr das Öl selbst, sondern das — durch die Dörrung bedeutend erleichterte — Fleisch der Kokosnuß nach Europa oder Amerika verfrachtet, wo mit großen maschinellen Vorrichtungen in weit vollkommenerer Weise das darin enthaltene Fett herausgezogen werden konnte, als dies auf den Inseln möglich war. So wehte die deutsche Handelsflagge damals über ein großartig ausgedehntes Gebiet der pazifischen Welt und der deutsche Name und der deutsche Unternehmungsgeist waren hochgeachtet auf der jenseitigen Hälfte der Erde, eigentlich ohne daß das

Abb. 3. Der Apia-Berg. (Zu Seite 22.)

Abb. 4. * Trockener Kraterseeboden nahe dem Gipfel des Lanutoo. (Zu Seite 22.)

große Publikum im deutschen Vaterlande von dieser genialen Tätigkeit eine rechte Anschauung hatte.

Wohl aber nahm die deutsche Forscher- und Gelehrtenwelt einen regen Anteil an Godeffroys Wirken. Es soll dem Hamburger Hause nie vergessen werden, mit welch einem idealen Hochsinn es zugleich die Aufgabe ins Auge gefaßt hat, seine Handelsunternehmungen auch der Wissenschaft dienstbar zu machen; wie es mit seinen Schiffen eigene Forscher von solcher Bedeutung wie Graeffe, wie Kubary in die Südsee entsandte, ihnen die Mittel zu langjährigen wissenschaftlichen Studien zur Verfügung stellte, eigene Sammlungen, das berühmte Museum Godeffroy, in der Heimat unterhielt und dessen Schätze mit hoher Liberalität durch wissenschaftliche Bearbeitung in einer selbständigen Publikation, dem „Journal des Museums Godeffroy", der gebildeten Welt zugänglich machte.

Nur wenige andere deutsche Kaufleute wagten es, den Spuren der Godeffroy zu folgen. Am bedeutendsten darunter sind die Gebrüder Eduard und Franz Hernsheim, sowohl in Bezug auf die Ausdehnung ihrer Unternehmungen im heutigen deutschen Melanesien und Mikronesien, wie auch durch die der Godeffroyschen ähnliche Anteilnahme und Förderung der wissenschaftlichen Erschließung des Gebietes.

Bereits in den Jahren 1878 und 1879 hatte der Kommandant des deutschen Kriegsschiffs „Ariadne", von Werner, an verschiedenen Stellen der Südsee, in Samoa, auf den Marshall-Inseln, in Deutsch-Neu-Guinea die deutsche Reichsflagge gehißt und mit den Häuptlingen dieser herrenlosen Gebiete Schutzverträge abgeschlossen, die zu einem deutschen Südseereiche hätten führen können, allein seine Anknüpfungen erhielten keine Bestätigung von seiten der Regierung. In dem jungen Reich, das damals erst vor kurzem überhaupt unter Dach und Fach gebracht worden war, bestand noch keinerlei allgemeines Verständnis für die Vorteile einer Machterweiterung des Vaterlandes über seine europäischen Grenzen hinaus.

Noch klarer zeigte sich das wenige Jahre später in der bekannten Samoa-Angelegenheit.

Zum großen Verlust für das Deutschtum in der Südsee war nämlich im Jahr 1879 das Haus Godeffroy — nicht durch seine trefflich rentierenden Südsee-Unternehmungen, sondern infolge ganz davon getrennter europäischer Minenspekulationen, die fehl schlugen — zusammengebrochen. Bei der Liquidation fanden sich englische Kapitalisten sofort bereit, die Südsee-Anteile des Geschäfts für sich zu erwerben. Es gelang dem Fürsten Bismarck, um dies große nationale Werk für Deutschland zu retten, eine Anzahl deutscher Finanzgrößen zusammenzubringen, die sich erboten, eine „Deutsche Seehandels-Gesellschaft“ zu gründen und diese Anteile zu übernehmen. Sie forderten vom Reiche eine Zinsgarantie von 3—$4^1/_2$ % für ein Höchstkapital von 10 Millionen Mark — eine in Anbetracht der später durch ihre Verweigerung notwendig gewordenen Ausgaben kleine Summe, die überdies schwerlich überhaupt in Anspruch genommen worden wäre. Allbekannt ist die Reichstagsverhandlung vom 22. und

Abb. 5. Szenerie auf Upolu. (Zu Seite 24.)

27. April 1880, in welcher die Engherzigkeit und Kurzsichtigkeit der Majorität die Vorlage verwarf.

So entglitt ein großer Teil der Godeffroyschen Besitzungen deutschen Händen, und nur in einer, gegenüber der ehemaligen Allmacht des Hamburger Hauses in der Südsee bedeutenden Beschränkung wurde der Rest derselben durch zwei Gesellschaften übernommen: erstens die „Deutsche Handels- und Plantagen-Gesellschaft der Südsee-Inseln“, die reduzierte Form, in der die geplante „Seehandels-Gesellschaft“ ins Leben trat; sie erbte die samoanischen Besitzungen sowie die Station Mioko im Bismarck-Archipel; zweitens die aus einem Zusammenwirken dieser und der Firma Hernsheim entstandene „Jaluit-Gesellschaft“, welche den Handel auf den Marshall- und Karolinen-Inseln weiter führte.

Unzweifelhaft hätte aus der Gewährung der Reichsgarantie, wie sie Bismarck forderte, sich von selbst binnen kurzem auch die Übernahme des politischen Reichsschutzes über die herrenlosen Inseln des Godeffroyschen Handelsbereichs ergeben, und wir wären ohne Kosten und Mühe in den Besitz eines stattlichen Kolonialreichs gekommen.

Die Reichstagsverhandlung von 1880 hatte aber doch vielen Leuten die Augen geöffnet. Rasch wuchs in den nun folgenden Jahren in Deutschland das bisher

Abb. 6. Kratersee auf dem Lanutoo-Gipfel. (Zu Seite 23.)

mangelnde Interesse; das Gefühl der Scham über die Samoa-Angelegenheit ergriff immer zahlreichere Gemüter und schuf allmählich jenen Rückhalt, den Bismarck für ein Vorgehen der Regierung haben mußte. Am 27. Juni 1884 erging an ihn eine Eingabe der unter der Führung des Herrn von Hansemann vereinigten Finanzgruppe, die späterhin als „Neu-Guinea-Kompagnie" so bekannt worden ist. Sie enthielt die Mitteilung, daß eine Expedition im Auftrage der Gesellschaft unterwegs sei, um Landankäufe in den politisch noch unbesetzten Gebieten der Neu-Guinea-See auszuführen. Für diese wurde ein deutsches Protektorat erbeten.

Damit war die Unterlage für ein Vorgehen der Reichsregierung geschaffen. Auf Befehl des Reichskanzlers wurde durch die Kriegsschiffe „Elisabeth" und „Hyäne" eine Anzahl Hissungen der deutschen Flagge vorgenommen, zuerst am 3. November 1884 in Matupi, den Tag darauf auch in Mioko, wurde die schwarz-weiß-rote Fahne aufgezogen. Am 12. und 27. November dann in Friedrich-Wilhelmshafen und Finschhafen an der Nordostküste von Neu-Guinea. Nach einem diplomatischen Notenkrieg zwischen dem entsetzten England und Deutschland kam es im Frühjahr 1885 zum Abschluß der Verhandlungen, die das heutige Kaiser Wilhelms-Land und den Bismarck-Archipel unter deutschen Schutz stellten. Am 16. Dezember 1886 wurde dieser Bereich durch den östlichen Teil der Salomo-Gruppe mit den Hauptinseln Bougainville, Choiseul und Isabel erweitert. (Die letzten beiden wurden, wie bekannt, später durch den Samoa-Vertrag vom Jahre 1900 an England abgetreten.) Der Schutzbrief für die neuen Besitzungen der „Neu-Guinea-Kompagnie" datiert vom 17. Mai 1885. Dies ist also der Geburtstag unseres Kolonialreichs in der Südsee. Am 15. Oktober desselben Jahres wurde die deutsche Flagge auch auf den Marshall-Inseln gehißt; durch Kaufvertrag mit Spanien kamen dann 1899 die Karolinen und Marianen hinzu und wurden am 18. Juli unter deutschen Schutz gestellt, durch das Abkommen über Samoa zwischen Amerika, England und Deutschland vom November und Dezember 1899 endlich auch Samoa, dessen Aufnahme in den deutschen Reichsschutz am 17. Februar 1900 erfolgte. So ist der Archipel, von dem einst durch Cäsar Godeffroy der deutsche Einfluß auf die Südsee seinen Ausgangspunkt nahm, Samoa, erst zuletzt unter die deutsche Flagge gelangt.

Die Samoa-Verträge haben zur Folge gehabt, daß nunmehr auch die letzten noch unabhängigen Inseln der Südsee unter die Kulturmächte aufgeteilt worden sind. Herrenlose Besitzungen, die noch erworben werden könnten, gibt es nicht mehr. — —

Abb. 7. An der Mündung des Vaisingano. Nach einer Aufnahme von Dr. Hansen. (Zu Seite 25.)

Abb. 8. Wasserfall im Urwalde. (Zu Seite 25.)

Werfen wir nun zunächst einen Blick auf die Gesamtnatur der Inselwelt, der unser deutscher Kolonialbesitz in der Südsee angehört.

Wie die Sterne am Himmel, hier zu dichten Gruppen sich zusammenschließend, dort aufgelöst und über weitere Räume verteilt, bald sonderbar geformte Sternbilder erzeugend, bald in breiten Bändern sich über die Firmamentfläche dahinziehend, so sind die Inseln der Südsee über den Spiegel des Meeres ausgestreut. Auf den ersten Blick ganz regellos, bei näherem Zusehen jedoch mit geheimnisvollen Zügen einer regelmäßigen Anordnung ausgestattet, deren Vorhandensein auf große Zusammenhänge ihrer Entstehung schließen läßt.

In der Entdeckungsgeschichte der Südsee spielt die aus dem Altertum übernommene Überzeugung eine große Rolle, daß in höheren Breiten der Südhalbkugel noch ein großer

Abb. 9. * Das Wrack des „Adler“ im Sommer 1900. (Zu Seite 26.)

Südkontinent verborgen sein müsse. Diese terra australis aufzusuchen, war lange Zeit ein Hauptbestreben der Entdecker. Je tiefer sie aber in die Südsee vordrangen, um so mehr versank das Phantasiegebilde in den Weiten einer grenzenlosen Wasserfläche. In der modernen geographischen Wissenschaft ist dieser Südkontinent heute in merkwürdiger Weise zu neuem Leben erwacht. Nach ihr ist er wenigstens in einer, wenn auch unbestimmbarer fernen geologischen Vorzeit wirklich vorhanden gewesen, denn sie glaubt zu erkennen, daß wir in den Inseln der heutigen Südsee die Reste eines ehemaligen Festlandes vor uns haben, das im Meere versunken ist, und von dessen Gebirgsketten nur noch die letzten Berghäupter in das Licht des Tages emporragen. Der große Darwin hat zuerst diese Vermutung klar ausgesprochen und sie mit seiner weiter unten näher besprochenen Koralleninsel-Theorie begründet. Namhafte Forscher haben sich seiner Meinung angeschlossen und halten sie noch heute aufrecht.

Drei große Systeme von Richtungen finden sich in der gesamten Inselwelt vertreten. Das eine umrahmt bogenförmig, wie wir schon sahen, den Nord- und Ostrand Australiens. Ihr gehört die Inselwelt von Neu-Guinea über die Salomo-Inseln, Neuen Hebriden, Neu-Caledonien bis zu Neu-Seeland an. Hier schließt es sich an ein zweites an, das in nordöstlicher Richtung zieht. Wir finden es vertreten in der Hauptachse Neu-Seelands, den Kermadek- und Tonga-Inseln. Das dritte hat vorwiegend ostsüdost-westnordwestliche Richtung und besteht aus einer großen Zahl weitzerstreuter Inselreihen, die wie ein großer Schwarm in parallelen Reihen über den Ozean ziehender Fische im Nordosten an den Inseln der beiden anderen Systeme vorüberschwimmt. Da auch hier die Inseln jedenfalls die Bergkuppen unterseeischer Gebirgsrücken bedeuten, so erscheint die Erdoberfläche unterhalb des Meeres hier auf ungeheure Strecken einheitlich in parallele Wellen gelegt, ähnlich wie es uns etwa das Innere Asiens zeigt.

Nicht ganz decken sich mit diesen Liniengruppen die drei geographischen Gebiete, in die man das Inselgebiet des Stillen Ozeans zu zerteilen pflegt: Melanesien, Polynesien und Mikronesien.

Mit Melanesien bezeichnet man den großen, stellenweise mehrreihigen Inselbogen, der sich von Neu-Guinea bis nach Neu-Caledonien und den Fidschi-Inseln dahinzieht, unter Ausschluß von Neu-Guinea. Der Name ist gebildet nach den dunkelfarbigen Bewohnern dieser Inseln. In ihr sind die größten Landmassen Ozeaniens enthalten. Neu-Guinea ist ja bekanntlich nächst Grönland die größte Insel der Erde, und der Flächeninhalt einzelner anderer Inseln, wie z. B. Neu-Pommerns oder Neu-Caledoniens, übertrifft allein den gesamten Flächenraum des gesamten Mikronesiens oder Polynesiens. Man hat darauf aufmerksam gemacht, daß die Gestalt des Inselbogens, wenn man Neu-Seeland hinzurechnet, in eigentümlicher Weise die Küstenform des östlichen Australiens und in gewisser Weise auch die der entsprechenden Gegenden der beiden Südkontinente Afrika und

Südamerika wiederholt. Noch deutlicher wird das, wenn man die Tiefenverhältnisse des Meeresbodens mit hinzunimmt, so weit sie die noch in ihren Anfängen stehende Tiefseeforschung festgestellt hat. Man erkennt daraus, daß zwar zwischen den Inselbogen und dem australischen Festlande ein ziemlich unregelmäßiger Meeresboden mit einzelnen tieferen Becken vorhanden ist — wie sie übrigens gerade in Gebieten zerbrochenen und versunkenen Landes häufig auftreten —, daß aber im großen und ganzen die Inseln selbst auf einer gemeinsamen unterseeischen Schwelle liegen, die nach außen hin in ein wesentlich tieferes Meer abstürzt. So erscheint auch in dem an der Oberfläche nicht sichtbaren Bau des Meeresbodens die erwähnte Ähnlichkeit mit den Umrissen der heutigen Südkontinente angedeutet. Auch die geologische Zusammensetzung der Inseln spricht für ihren ehemaligen Zusammenhang. Ist dieser Schluß richtig, dann haben wir in ihnen noch die Teile der ursprünglichen Gebirge des ehemaligen Kontinents vor Augen, mit der ganzen Mannigfaltigkeit der Gesteinszusammensetzung festländischer Gebirge.

Mit dem Begriff Polynesien umschließt man die im Osten gelegene Inselwelt von Samoa und den Tonga-Inseln bis ostwärts zu der einsamen Osterinsel halbwegs zwischen den „Niedrigen Inseln" und Südamerika. Da die Benennung von dem über diese Inseln verbreiteten Volksstamm der Polynesier hergenommen ist, so pflegt man im Süden auch die große Insel Neu-Seeland noch mit dazu zu rechnen, die ihrer Art und Entstehung nach aber wohl eher mit dem melanesischen Bogen zusammengehört. Nach Norden dehnt man den Bereich bis zu den nördlich vom Äquator gelegenen Gruppen der Hawaii-Inseln aus. Der gesamte Flächeninhalt Polynesiens ohne Neu-Seeland ist auf 27000 qkm angeschlagen; weitaus den bedeutendsten Anteil daran hat die Hawaii-Gruppe, nämlich 17000 qkm. Unter den übrigen Insel-Archipelen steht dann aber an erster Stelle der Samoa-Archipel. Immerhin handelt es sich bei den polynesischen Inseln, wie bemerkt, um Areale, die gegen die melanesischen verschwindend klein erscheinen. Innerhalb der polynesischen Inselwelt außerhalb Neu-Seelands finden wir nur an verschwindend wenigen Stellen noch sedimentäres, nichtvulkanisches Gestein, sie setzt sich fast ausschließlich zusammen aus jungem Eruptivgestein und Korallenbauten. Hier also sehen wir wohl nicht mehr Teile des ursprünglichen Festlandes vor uns, sondern sekundäre Gebilde, die erst nachträglich auf dem versunkenen Sockel sich emporgetürmt haben.

Die dritte Abteilung der ozeanischen Inselwelt, Mikronesien, umfaßt die Archipele der Karolinen, der Marshall- und Gilbert-Inseln und endlich der Marianen. Der Name Mikronesien — die Welt der „kleinen" Inseln — ist für diesen Inselbereich nicht unpassend gewählt, denn wir treffen hier die räumlich kleinsten unter allen diesen seltsamen Gebilden. Der gesamte Flächeninhalt Mikronesiens beträgt nur etwa 3400 qkm. Eine kleine Anzahl gehört hier zu den vulkanischen Inseln, so die Marianen und einzelne der Karolinen. Alle übrigen sind reine Korallenbildungen.

Auf alle drei Gebiete, Melanesien, Polynesien und Mikronesien, verteilen sich unsere deutschen Inselbesitzungen.

Abb. 10. *Korallenbrandung an der Südküste von Upolu.
(Zu Seite 27.)

Da die Korallenbildungen in unserem Buch eine so bedeutende Rolle spielen, so sei hier einiges über ihre Natur und ihre Entstehung vorausgeschickt.

Die so zu sagen maritimste Form der Korallenbildungen kommt in den ganz inselfreien Riffen in offener See zur Erscheinung. Sie sind aus der Tiefe des Meeres emporwachsende Felsbänke, die bis dicht an die Oberfläche emporragen, vom Flutseegang aber noch überspült werden und dem Schiffer ihre gefahrdrohende Nähe nur durch die Brandung, die darüber steht, und durch eine hellere milchige oder lichtgrüne Färbung des Wassers in ihrer Umgebung kund geben. Die helle Farbe stammt von den Lichtstrahlen, die der flachere Korallenboden zurückwirft. Wo sie beginnt, fängt die Gefahr an, auf den oft eisenharten und mit schneidend scharfen Zacken und Kanten besetzten Korallenboden aufzulaufen.

Sehr gern schließt sich das Riff zu einer in sich selbst zurücklaufenden Linie von unregelmäßiger, gelegentlich annähernd kreisförmiger Gestalt zusammen. Diese Gebilde nennt man mit einem von den Malediven stammenden Worte „Atolle“.

Die Atolle, die in großen Gruppen gesellig aufzutreten pflegen und ganze Insel-Archipele ausschließlich zusammensetzen können, schließen also einen Teil des Meeres vom freien Ozean ab, der die Lagune genannt wird. Da sich der Seegang an der äußeren Riffkante bricht, so pflegt die Lagune inmitten eines bewegten Ozeans eine ruhige Fläche und einen sicheren Hafen für die Schiffe zu bilden, die auf den hier und dort den Riffkranz durchsetzenden Kanälen in das Innere gelangen können. Bei den kleineren Atollen sind diese Kanäle allerdings selten tiefer als 3 m und immer ist die Durchfahrt bei der oft gewaltigen Brandung nicht ungefährlich.

Auf der Mehrzahl der von den Flutwellen überspülten Riffe liegen hier und da, etwa wie die eingesetzten Steine in einem Halsband, kleine Stücke trockenen Landes, aus von der Brandung losgerissenen und mit angespültem Sand verkitteten Korallenblöcken gebildet, die sich zwar nur einige Meter — selten mehr als drei bis vier — über die Fluthöhe erheben, aber doch richtige Inseln, vom Durchmesser weniger Meter bis zu einigen Kilometern, bilden und neben niedrigem Gestrüpp auch höheren Kokospalmen, Pandanus und Brotbäumen, sowie einem harten, drahtartigen Grase Raum zum Wachstum gewähren. Sehr gut vergleicht Wilkes den ersten Anblick einer Koralleninsel aus der Ferne mit dem Auftauchen der Segel einer Flotte am Horizont. Die kleinen in der Lufttönung graublauen Flecke dicht über der Wasserfläche entwickeln sich allmählich beim Näherkommen als die Kronen der Kokospalmen, die zunächst mitten in wogender See zu schwimmen scheinen. Erst in noch größerer Nähe gewahrt man die weißschimmernde Brandungslinie, die sich, wenn die Insel klein genug ist, zu dem Bilde einer Kreislinie zusammenschließt. Ganz zuletzt wird dann das schmale, niedrige, gelbliche Land der Insel sichtbar.

Abb. 11. * Inselchen bei Manono. (Zu Seite 27.)

So armselig die Natur dieser tief in die Weiten des Meeres gebetteten Inseln auch ist, der Eindruck, den man auf einer solchen empfängt, ist doch nicht ohne Reiz. Sonderbar wirken die Kontraste des freien Ozeans, der immer regen, oft grandios aufschäumenden Brandung am Riff, hinter der beim Abfluten der Wellen zur Ebbezeit der unterseeische, feuchte Korallenboden des Riffs sichtbar wird, des scharfkantigen, klippigen Felsbodens der Inseln auf

Abb. 12. * Apolima. (Zu Seite 28.)

dem Riff mit seinem weißen oder rötlichen Korallensande und endlich der stillen Lagune, die oft tiefblau erstrahlt, oder wo ihre Flachheit den Boden durchschimmern läßt, grünliche, gelbliche und rötliche Töne aufweist. Sonderbar auch ist das Gefühl, auf einem anscheinend so ungeschützten Stückchen Erde inmitten der ungeheuren Wasserwüste zu weilen. Es ist als ob man auf einem großen Schiffe lebte. Die Empfindung der Sicherheit, die man sonst beim Landen nach langer Seefahrt auf festem Boden genießt, kommt hier kaum auf.

Übrigens ist diese Unsicherheit auch nicht ganz unberechtigt, denn jene gewaltigen, elementaren Erscheinungen, die man Erdbebenwellen nennt, und die, durch den Anstoß einer Erschütterung der Erdrinde auf das Meer erzeugt, in wenig Stunden die ganze Breite des Ozeans durchrasen, spülen oft genug über eine solche flache Insel hinweg, all das dort sich anklammernde Leben mit einem Schlage wegrasierend.

Neben den reinen Koralleninseln finden wir die Riffe auch in Verbindung mit anderen felsigen Inseln.

Sie schließen sich entweder unmittelbar an die Küste derselben an und heißen dann Fransenriff, oder sie begleiten sie in einiger Entfernung, so daß eine Lagune zwischen Riff und Küste besteht: in diesem Fall spricht man von Gürtel- oder Wallriffen. Das ruhige, flache Wasser der Küstenlagune, die auch hier durch Kanäle mit dem Außenmeer in Verbindung steht, ist bei dieser Rifform der gegebene Schiffahrtsweg für die vorwiegend am Strande wohnenden Südsee-Insulaner, deren Verkehr sich infolgedessen hauptsächlich zu Wasser vollzieht.

Die Korallenbildungen sind lange Zeit ein großes naturwissenschaftliches Rätsel gewesen, da die Korallentiere unterhalb von 90 m Tiefe überhaupt nicht mehr vorkommen, ja ihr kräftiges Wachstum, wie es allein solche gewaltigen Inselblöcke zusammensetzen kann, nur bis zu ungefähr 30 m unter der Oberfläche vor sich geht. Und doch ist zweifellos festgestellt, daß das Korallengestein bei der Mehrzahl der Atolle sehr viel tiefer hinabreicht. Wenn sie vom Wasser befreit werden könnten, würden sie die Gestalt hoher, kegelförmiger Berge zeigen, die oben einen ebenflächig abgeschnittenen Rand, das Riff, und dazwischen hinein getieft, eine flache schalenartige Einsenkung, die Lagune, tragen würden und die nach außen mit steilen Rändern abstürzen. Man hat der ringförmigen Gestalt wegen anfangs geglaubt, daß die Korallen sich auf dem Kraterrande unterseeischer Vulkane angesiedelt hätten, allein diese Theorie verbietet sich, von anderen Beobachtungen ganz abgesehen, schon durch die Überlegung, daß unmöglich solche Mengen von Vulkanen so gleich hoch sein können, daß sie alle genau in die schmale Lebenszone der Korallentierchen unterhalb der Oberfläche des Meeres hineinragen. Überdies hat man verschiedentlich auch durch Bohrungen unmittelbar feststellen können, daß der reine Korallenboden weit unter die Lebensgrenze der Tiere hinabreicht.

Woher kommt nun diese sonderbare Ringform der Atolle? Woher diese aus gegenwärtigen Verhältnissen nicht zu erklärende Tiefe der Korallenbauten?

Beide Erscheinungen sowie das Wesen der Korallengebilde überhaupt sind zuerst durch Darwins geniale Korallentheorie in glänzender Weise beantwortet worden. Nach der Überzeugung dieses großen Forschers haben wir, wo solche Korallenbildungen auf-

Abb. 13. *Im Innern von Apolima. (Zu Seite 28.)

treten, eben ein versinkendes Land vor uns, dessen Bergspitzen ganz langsam und allmählich von der See verschlungen werden. Mehr oder minder hoch ragen einzelne davon noch über die Oberfläche empor. An dem vom Meere eben bedeckten Fuß dieser sinkenden Inseln siedelt sich die Koralle in einer ihrer Lebenssphäre entsprechenden Wassertiefe an und baut bis an die Meeresoberfläche empor. So entsteht das Fransenriff. Sinkt nun der Inselberg weiter, so sterben die unteren Teile des mit ihm sinkenden Riffs naturgemäß ab, oben aber bauen die aufeinander folgenden Generationen der Korallentierchen, wenn das Tempo dieses Sinkens nicht zu schnell geht, unablässig ihr Riff weiter und halten seine Krone an der Oberfläche des Meeres. Da sie aber ihre Nahrung nur im bewegten Meere finden, so geht dies Wachstum nur am Außenrande, so weit die Wirkung der Brandung reicht, vor sich. Auf der Landseite dagegen steht es mehr oder minder still. Da nun bei dem Sinken der über dem Wasser aufragende Kegel der Mutterinsel sich allmählich verkleinert, das Riff aber landwärts der zurückweichenden Küste nur ungenügend nachwächst, so wird das frühere Fransenriff jetzt ein Wallriff, bei welchem die Rifflinie durch eine Lagune von der Küste getrennt ist. Dies würde also das zweite Stadium der Korallenriffbildung vorstellen. Sinkt dann endlich die innere Insel schließlich so weit, daß die See auch ihren höchsten Gipfel überdeckt, so bleibt der kraterförmige Ringwall allein übrig, und in seinem Innern sehen wir jetzt eine Lagune.

Spätere Forschungen haben dann hier und dort wahrscheinlich gemacht, daß auch noch andere Kräfte bei der Gestaltung dieser merkwürdigen Erdform mitgewirkt haben. So kann man sich z. B. ein Wallriff auch dadurch entstanden denken, daß die Nahrung und das Wachstum der Korallen nur nach außen hin fortschreiten, während auf der Rückseite des Riffes kohlensäurehaltiges Wasser den abgeschiedenen Kalk auflöst, fortführt und so die Lagune bildet. In anderen Gebieten, und zwar vielfach gerade in denen, die wir zu besprechen haben werden, begegnet man Korallenkalk, der, natürlich in erstorbenem Zustande, über die heutige Meeresoberfläche hinausragt; ganze Inseln, die sich als ehemalige Atolle kennzeichnen, heute aber auch von der höchsten Flut nicht mehr erreicht werden oder die in verschiedenen übereinander liegenden, bis zu mehreren hundert Meter ansteigenden Terrassen die Küsten begleiten oder in einzelnen Klippen bis an die Gipfel hoher Vulkane hinauf vorkommen. In solchen Fällen liegt zweifellos keine Senkung, sondern eine Hebung vor. Trotzdem berechtigen diese Vorkommnisse nicht zur Verwerfung der gesamten Darwinschen Theorie. Sie lassen sich damit vereinigen, denn mit einem allgemeinen Senkungsvorgang so ausgedehnter Art können auch örtliche Hebungen verbunden sein.

Auch die vulkanischen Gebilde und Erscheinungen stimmen mit der Senkungstheorie; knüpfen sie sich doch immer an die großen Brüche, Zersplitterungen und Versenkungen der Erdoberfläche an. Die Südsee-Inseln sind eines der bedeutendsten Vulkangebiete der Erde. Großenteils sind diese Vulkane erloschen, aber noch nicht vor langer Zeit; man erkennt nicht nur den jungvulkanischen Charakter ihres Gesteins, sondern auch die Formen der Krater, der Lavaströme u. dergl. sind noch deutlich erhalten. Anderswo aber haben wir auch noch tätige Vulkane von lebhafter Energie. Alle Abstufungen werden wir auf unseren deutschen Südsee-Inseln vertreten finden. Tätige Vulkane insbesondere treffen wir im Bereich der Marianen und im deutschen Melanesien.

* * *

Das Klima dieser Inselwelt ist im wesentlichen durch zwei Faktoren bestimmt. Einmal durch die Lage in niederen Breiten zu beiden Seiten des Äquators. Danach ist seine Wärme durchweg tropisch, bei den nördlichsten und südlichsten Gruppen subtropisch. Einzig Neu-Seeland hat eine gemäßigte Temperatur. Zweitens durch die Stellung inmitten weiter Meeresflächen. Diese geben dem Klima den ausgesprochen ozeanischen Charakter, die große Gleichmäßigkeit des täglichen und jährlichen Temperaturganges und die hohe Luftfeuchtigkeit. Weniger der Wechsel der Jahreszeiten wie bei uns macht sich fühlbar, als der der herrschenden Winde. Das gesamte Gebiet wird von den beiden Passaten, dem Südost- und dem Nordostpassat, bestrichen. Dadurch aber, daß diese mit dem Gang der Sonne sich während des Jahres südlich und nördlich verschieben, kommen die dem Äquator nahegelegenen Inseln bald in ihren Bereich, bald in den der Kalmen und wechselnden Winde. Hiernach richtet sich die Regen- und Trockenzeit der Eilande. Im westlichen Großen Ozean tritt an Stelle des Wechsels zwischen Passat und Kalmen der zwischen dem ersteren und dem Nordwestmonsun, der im Südwinter durch die erhitzten Wüsten Australiens erzeugt wird.

Für die Lebewelt der Inseln sei nur soviel vorausgeschickt, daß wir uns hier großen, noch vielfach ungelösten Rätseln gegenüber befinden. Es hat den Anschein, als sei fast alles Leben von Westen, von Asien her gekommen, also den vorherrschenden Wind- und Strömungsrichtungen entgegen.

In der Pflanzen- und Tierwelt spricht dafür der Umstand, daß sich die Formen fast durchweg aus den im Westen vorkommenden herleiten lassen und daß der Reichtum der Arten von Westen nach Osten fortwährend abnimmt. Aus diesem absoluten Einwanderungscharakter der Lebewelt wenigstens auf den östlicheren Inseln läßt sich sicher der Schluß ziehen, daß, wenn hier ein Kontinent vorhanden war, dieser bereits ganz versunken gewesen sein muß, ehe die heutigen Inseln auf den Fundamenten seiner Gebirge wieder emportauchten; denn sonst müßten sie nicht nur die eingewanderte, sondern auch Reste der einheimischen und sicher sehr eigenartigen Lebewelt jenes Kontinents aufweisen.

Die wunderbarsten Rätsel bieten auch die menschlichen Bewohner dieser sonderbaren Welt. Wir rühren hier vielfach an die tiefsten Probleme von der Herkunft des Menschen überhaupt, von der Entstehung der Rassenunterschiede und den Grundlagen der Menschheits-Kultur. Eine kleine Monographie, wie dies bescheidene Werk, ist

Abb. 14. *An der Küste von Sawaii.
Im Vordergrunde S. M. S. „Seeadler", hinten auf dem nach rechts ansteigenden Gehänge parasitäre Kraterbildungen. (Zu Seite 29.)

nicht berufen, jene großen schwebenden Fragen zu lösen. Halten wir uns an die heute am meisten anerkannten Theorien, so ist der Ausgangspunkt der Südsee-Insulaner das südöstliche Asien. Zwei ganz verschiedene Rassen sind von dort zu verschiedenen Zeiten eingewandert. Die eine scheint eine uralte, einem niedrigeren Entwickelungsstande der Menschheit angehörige Bevölkerung gewesen zu sein, von negerhaften Zügen. Ziemlich rein erkennen wir sie wieder in der Ureinwohnerschaft Australiens, vermischt dagegen in Neu-Guinea und auf den übrigen melanesischen Inseln. Diese Mischung ist erzeugt durch die zweite hier einwandernde Rasse, die Malaien, die von den Sunda-Inseln her sich allmählich über die gesamte Inselwelt verbreitet haben. Im heutigen Melanesien erzeugten sie durch Verquickung mit den negroiden Vorbewohnern den Typus des Melanesiers, weiterhin, wo sie rein blieben, aber doch allmählich durch veränderte Lebensbedingungen auch gewisse Umwandlungen erlitten, wurden sie zu den heutigen Polynesiern, die Neu-Seeland und die gesamte Inselwelt östlich der Fidschi-Inseln bis hinauf nach Hawaii als ein einheitliches Volk mit fast identischer Sprache, Sitte, Religion und Körperbildung besiedeln.

Auf den Inseln Mikronesiens, also den Gilbert-, Marshall-, Karolinen-, Marianen-Inseln ist dann eine spätere Mischung zwischen Polynesiern und Melanesiern und vielleicht noch anderen Elementen eingetreten, die den im Grundstock noch polynesischen, aber doch davon gesonderten Zweig der Mikronesier geliefert hat.

Wir unterscheiden deshalb in der Südsee heute drei Hauptstämme: die Melanesier mit mehr oder minder negerähnlich dunkler Hautfarbe, langem Schädel und krausem Haupthaar; die Polynesier mit hellbrauner Haut, kurzem Schädel und schlichtem Haar; und endlich die Mikronesier mit nicht so einfach zu schildernden Charakterzügen, die aber im großen und ganzen den Polynesiern näher verwandt sind als den Melanesiern.

Die Wanderungen, die hier angenommen werden, bieten an sich keine Schwierigkeiten, wenn man die Kühnheit der Seefahrten kennen lernt, die diese Völker noch heute vielfach wagen, und wenn man von den unfreiwilligen Verschlagungen um Hunderte von Seemeilen erfährt, die noch immer vorkommen.

* * *

Doch wenden wir uns nunmehr zur näheren Betrachtung der einzelnen deutschen Gebiete. Da der Charakter dieser Schrift ein rein geographischer ist, so sind sie im folgenden nicht nach den Gesichtspunkten der politischen Einteilung, sondern nach geographischen Gruppen zusammengefaßt.

Abb. 15. *Missionskirche bei Matautu. (Zu Seite 30.)

Eine besondere Schwierigkeit, mit der jede Darstellung aus der Südsee zu kämpfen hat, ist die Namenfrage. Nirgendwo findet sich ein solches Tohuwabohu von verschiedenen Benennungen und von Schreibarten derselben Benennung, wie im Bereich der Südsee-Inseln. Seefahrer fast aller Kultur-

Abb. 16. Die Expedition des Dr. Tetens im Urwalde.
Nach einer Aufnahme von Dr. Tetens. (Zu Seite 32.)

nationen haben bei der Entdeckung mitgewirkt und Namen in ihrer Sprache gegeben, die dann von anderen Völkern wieder übersetzt wurden. Viele Inseln sind auch mehr als einmal entdeckt und jedesmal anders benannt. Nationale Gesichtspunkte führten bei der Annexion einzelner Archipele überdies dazu, an Stelle bestehender und bereits anerkannter Namen wiederum neue Bezeichnungen landespatriotischen Charakters einzuführen. Endlich haben sich gewissenhafte Forscher auch in reichem Maße bemüht, die Eingeborenennamen der Inseln und Plätze zu ermitteln. Leicht werden aber bei der Unkenntnis der Landessprachen dabei große Irrtümer begangen, indem man die Einwohner mißversteht. Der falsche Name wird dann, nachdem er schon geläufig geworden, wieder durch andere Forscher diskreditiert. Oder wenn er sich auch als richtig erweist, so hört ihn doch der eine so, der andere so und es existieren zahlreiche Schreibungen für ein und denselben Namen, wie z. B. ganz besonders im Bereich der Karolinen-Inseln. Sehr gut beleuchtet neuerdings der ausgezeichnete Kenner der Südsee, Otto Finsch, dem wir selbst eine große Zahl der Benennungen verdanken, diese Verwirrung (vergl. „Deutsche Erde", herausgegeben von Langhans, Gotha, Jahrg. 1902, Heft 2).

Die Aufgabe, hier eine endgültige Ordnung zu schaffen, steht noch im weiten Felde. Ich werde mich, um wenigstens einen Ariadnefaden in dem Labyrinth zu haben, in Zweifelsfällen an die Namensformen halten, wie sie von der deutschen Kolonialgesellschaft gebraucht werden und in ihrem „Kolonialatlas" angewendet sind.

II.

Samoa.

Ich beginne mit Samoa. Hier betrat ich zum ersten Male einen unserer Tropenarchipele, und wohl war deshalb der Eindruck ihrer Landschaft und ihres Volkes besonders stark; allein auch am Ende meiner Wanderung blieb mir die Meinung, daß dieser

Abb. 17. Der neue Vulkankrater in Sawaii.
Nach einer Aufnahme von Dr. Tetens. (Zu Seite 32.)

Archipel der anmutreichste unter unseren mit so viel Schönheit gesegneten Besitztümern im Stillen Meer, dieses Volk das liebenswürdigste unter den unserm Schutz unterstellten Kindervölkern jener fernen Welt vorstellt. Die räumliche Kleinheit und Abrundung bei reicher Entfaltung aller typischen Erscheinungen der Südsee-Inselnatur macht die Samoa-Gruppe überdies geeignet zu einer etwas eingehenderen Darstellung, die uns später mancher ähnlichen Schilderung überhebt.

Die Ehre der Entdeckung des Samoa-Archipels wird in der Regel dem kühnen Holländer Roggeveen zugeschrieben, der auf seiner großen Weltumsegelung im Jahre 1722 eine Insel passierte, die seinen Angaben nach in die Gegend des heutigen Samoa fallen würde und die er Beaumann-Insel nannte. Sicherer bekannt wurde die Gruppe aber erst durch Bougainville, der sie 1768 unter dem Namen „Iles des navigateurs" oder „Schifferinseln" auf der Karte festlegte. Die Benennung stammt daher, daß in dieser Gegend des Ozeans sich zahlreiche Schiffahrtsrouten früherer Entdecker kreuzten. Die spätere Forschung hat den Namen angenommen, den die Eingeborenen selbst für ihre Inseln gebrauchen, Samoa, dessen Bedeutung noch streitig ist.

Erst seit 1830, nachdem Londoner und wesleyanische Missionare ihre Tätigkeit auf Samoa eröffneten, begann eine genauere Erforschung der Inseln. Wesentliche Verdienste um die geographische Aufhellung der Samoa-Inseln hat sich das deutsche Haus Godeffroy erworben, das die Inselgruppe zur Basis seiner großartigen, fast die gesamte Südsee umspannenden Handelsunternehmungen machte. Wir betrachteten auch bereits, wie das Deutsche Reich im Jahre 1880 die günstige Gelegenheit versäumte, den Archipel mit leichter Mühe in seinen Besitz zu bringen. Die Folge jener unheilvollen Reichstagsverhandlung ist eine zwanzigjährige Periode hartnäckiger, verwüstender Parteikämpfe auf dem blühenden Archipel gewesen. Es ist unmöglich, die vielverwickelten Streitigkeiten der einheimischen Häuptlingsparteien um den Königstitel und die politischen Machenschaften, mit denen England, Amerika und Deutschland um den maßgebenden Einfluß auf den

Inseln rangen, hier zu erwähnen.*) Noch ist es in aller Gedächtnis, wie endlich eine internationale Kommission der drei Großmächte den inneren Zwistigkeiten durch Beseitigung des einheimischen Königtums überhaupt ein Ende machte und durch gewissenhafte Prüfung der fremden Besitztitel den deutschen Ansprüchen eine so überwiegende Bedeutung zuerkennen mußte, daß das Samoa-Abkommen vom Ende des Jahres 1899 den Hauptteil der Inseln Deutschland zusprach. Amerika erhielt einen seinen Anwartschaften entsprechenden Rest von ihnen, England wurde entschädigt, dadurch, daß Deutschland seine ebenfalls bedeutenden und alten Anrechte auf die Tonga-Inseln zu jenes Gunsten fallen ließ und ihm noch obendrein zwei seiner Salomo-Inseln abtrat. Somit haben wir zwar Samoa nicht ganz und vielleicht gegen einen Preis erworben, der sich später als übertrieben hoch erweisen wird; aber jene Schmach von 1880 ist doch getilgt.

* * *

Der Archipel der Samoa-Inseln liegt annähernd im Zentrum der gewaltigen Inselwolke, welche die von uns am meisten abgewendete Gegend des Erdballs überdeckt. Der hundertsiebzigste Meridian westlicher Länge, der zwischen Tutuila und Manua hindurchzieht, geht auf der gegenüberliegenden Seite als zehnter Grad ö. v. Gr. durch Hamburg. Die Breitenlage, ungefähr dreizehn bis fünfzehn Grad südlich vom Äquator, ist allerdings tropisch, so daß die genau gegenüberliegende Gegend nicht nach Europa, sondern etwas westlich vom Tschadsee fällt.

Hier reihen sich die einzelnen Eilande zu einer geraden oder besser leicht nach Norden konkaven Linie, die von Ostsüdost nach Westnordwest zieht und rund 500 km lang ist. Auf Deutschland projiziert, würde diese Linie von Breslau bis nach Hannover reichen.

Der Archipel besteht aus fünf Inseln oder Inselgruppen, deren Größe von Ost nach West zunimmt. Am weitesten im Osten liegt die kleine Rosa-Insel, ein winziges, im Weltmeer verlorenes Koralleneiland, dessen über den Flutstand des Meeres hinausragende Teile auf noch nicht $1^1/_2$ qkm geschätzt werden. Dann folgen drei Inseln, die gemeinsam als Manua bezeichnet werden, endlich Tutuila, Upolu und Sawaii, denen sich einige kleinere Nebeninseln angliedern.

Man kann vom Ostende Upolus Tutuila als feine, kühn geschnittene Silhouette am Horizont sehen. Ebenso von Tutuila aus die Gipfel Manuas; das Rosa-Atoll dagegen von hier aus nicht.

Der Gesamtflächeninhalt dieser Gruppe wird, soweit die noch ungenügenden Karten eine Genauigkeit ermöglichen, auf 2787 qkm berechnet, d. h. er steht in der Mitte zwischen Mecklen-

Abb. 18. Der Geröllдamm unterhalb des Kraters.
Nach einer Aufnahme von Dr. Tetens. (Zu Seite 82.)

*) Eine eingehende Darstellung derselben findet der Leser in Reinecke: Samoa. Berlin, Süsserott, o. J. Ebenso bei Moritz Schanz: Australien und die Südsee. Ebenda 1901.

burg-Strelitz und Luxemburg. So unbedeutend dies vielleicht erscheint, so ist der samoanische Archipel doch, wie wir schon früher einmal bemerkten, von den Inselgruppen Polynesiens und Mikronesiens nach den Hawaii-Inseln bei weitem die größte und übertrifft die demnächst kommenden Marquesas um das Doppelte.

Wir haben es mit einer einheitlichen Reihe aus den Tiefen des Ozeans emporgestiegener Vulkane zu tun, die den modernen Anschauungen über den Vulkanismus gemäß längs einer gemeinsamen Spalte entstanden sind. Alles Gestein auf den Inseln ist vulkanischer Natur. Einzig die Korallenriffe, welche die Küste auf große Strecken begleiten, sind nicht vulkanischer Entstehung.

Den Tiefenbeobachtungen zufolge erheben sich die Samoa-Inseln auf einem gemeinsamen, auf 2—3000 m der Meeresoberfläche sich nahenden unterseeischen Gebirgsrücken, der ringsum und insbesondere nach Süden von etwa doppelt so großen Tiefen umgeben ist. Da die Berge der Inseln 1000—1600 m über die See emporsteigen, so würden

Abb. 19. *An der Bucht von Matautu. (Zu Seite 32.)

wir, wenn wir uns das Meer fortdenken könnten, vor einer Bergkette stehen, die den gewaltigsten der Landgebirge der Erde nahekäme.

Der Aufbau der Inseln hat bis in jüngste Zeiten gedauert, ein unterseeischer Ausbruch ist noch im Jahre 1866 in der Nähe des Inselchens Olosenga in der Manua-Gruppe beobachtet worden, der Asche bis zu 900 m Höhe emporschleuderte. Auf den Inseln selbst sind sehr interessante Anzeichen dafür vorhanden, daß die vulkanische Tätigkeit im allgemeinen von Westen nach Osten erloschen ist. Während auf den Inseln Manua und Tutuila die alten Kraterformen schon vollständig zerstört sind, kann man auf Upolu sie noch deutlich erkennen. Am weitesten ist auch hier die Zerstörung auf der östlichen Hälfte vor sich gegangen, wo sie sich in ein wildes Labyrinth zertrümmerter Zacken und Firste aufgelöst haben; die Westseite dagegen zeigt schon von der Mitte ab die Kraterformen noch wohl erhalten, so daß sich hoch oben auf dem Bergkamme runde Seen gebildet haben, und der westlichste Pfeiler der Kette von Upolo, der Vulkan Tofua, zeigt noch einen typischen Vulkanbau von großer Regelmäßigkeit. Die Insel Sawaii endlich ist auf den ersten Blick sofort als ein einziger, riesenhafter Vulkankegel zu erkennen, dessen Flanken mit einer Fülle parasitischer, wohlerhaltener Kratere besetzt ist.

Auch die Verwitterungsstadien des vulkanischen Bodens in den einzelnen Teilen der Inseln stimmen damit überein. Am meisten aufgelöst ist der Boden im Osten, am wenigsten im Westen. Schon innerhalb der Insel Upolu kann man das beobachten. Die würfelförmig ausgewitterten Basaltblöcke sind im Westen noch am größten; und vollends ist auf Sawaii, wo man das Innere der Insel bereist hat, der Boden noch mit einem unzertrümmerten Haufen von Blöcken überdeckt. Ja, es lassen sich auf Sawaii an verschiedenen Stellen noch deutlich frische Lavaströme erkennen, welche die Vegetation kaum erst zu erobern begonnen hat. Die Eingeborenen nennen diese Ströme mu, d. h. „das Glühende", und man hat daraus die Folgerung gezogen, daß hierin die Erinnerung an einen von den Vorvätern der heutigen Geschlechter beobachteten Ausbruch fortlebt.

Abb. 20. * Deutsche Kokosplantage von Mulifanua.
(Zu Seite 34.)

Vor kurzem — das Manuskript dieses Büchleins war bereits fertig — ist die Vermutung von der vulkanischen Jugendlichkeit Sawaiis durch einen wirklichen Neubeginn einer vulkanischen Ausbruchstätigkeit glänzend bestätigt worden.

Rosa, Manua und Tutuila sind durch das Samoa-Abkommen von 1900 an Amerika gefallen, nur Upolu und Sawaii an Deutschland, aber damit doch bei weitem der bedeutendere Teil der Gruppe, der den Rest im Areal um das Zwölffache, in der Bevölkerung um das Achtfache übertrifft.

Unter ihnen nimmt Upolu zweifellos die erste Stelle ein. Nicht durch ihre Größe, denn Sawaii überragt sie darin ungefähr um das Doppelte und übertrifft auch ihre Berghäupter weitaus an Höhe. In Upolu ist aber der Boden am fruchtbarsten; hier lebt die Hauptmasse der Bevölkerung, hier liegt die europäische Ansiedelung Apia; alle die vielbewegten Vorgänge der letzten Jahrzehnte, die den Namen dieser kleinen Inselgruppe so weit in die Welt hinausgetragen haben, spielten sich in Upolu ab, und wie die Eingebornen selbst auf dieser Insel ihr politisches Zentrum fanden, so wird es auch voraussichtlich nach der Einverleibung in den deutschen Besitz bleiben.

Upolu ist ein langgestrecktes Eiland von lanzettlicher Form, etwa 75 km lang und 5—20 km breit. Denken wir uns seine Westspitze in Berlin, so würde das Ostkap bei Frankfurt a. O. liegen. Der Flächeninhalt der Insel (881 qkm) kommt dem des Fürstentums Schwarzburg-Sondershausen nahe. Der größte Teil dieses Areals freilich ist auch in Upolu steil aufsteigendes, zerklüftetes Gebirgsland.

Dem Ansegelnden bietet dies Gebirgsland den Anblick einer lang hingezogenen Kette mit einzelnen Einsattelungen, das die Insel in ihrer ganzen Länge durchzieht und ihr die Grundform eines aus dem Meere aufragenden Daches gibt. Die Firstlinie dieses Daches liegt der Südküste etwas näher, die steileren Hänge finden sich also im allgemeinen auf der Südseite. Ein wirkliches Kettengebirge etwa wie die Falten des Jura haben wir aber in diesem Langzuge nicht zu sehen, sondern die zusammengewachsenen Auswuchsmassen einer Anzahl nebeneinander stehender Vulkane. Im Ostteil der Insel, wo die Zerstörung am weitesten vor sich gegangen ist, erkennt man schon vom Schiff aus ein romantisch zerrissenes und zerklüftetes Haufwerk von Bergtrümmern, dessen Einzelheiten im Innern noch wenig bekannt sind. Hier erscheint die Hauptfirstlinie in mehrere Erhebungsstreifen aufgelöst oder von solchen begleitet. Im Krater Olemanga wird 600 m Höhe erreicht. Tiefe Pässe satteln sich ein und gewähren einen verhältnismäßig leichten Uebergang von Küste zu Küste. Ein solcher zwischen Falifa und der Südküste bei Salani geht auf 250 m hinab. Geschlossener dagegen ist die westliche Hälfte, die sehr regelmäßig die Form eines zweiseitigen Daches hat. Wie auf einem solchen die Essen, so stehen hier auf der Firstlinie die noch deutlich erkennbaren Vulkankrater nebeneinander. Der höchste Punkt ist der ziemlich genau in der Längs- und Quermitte liegende Berge Lepue (ca. 1000 m). Dann folgt eine flache Paßsattelung von etwa 700 m und hierauf ein neuer Anstieg bis zum Mangafiamoe (ca. 930 m), der nebst dem ostnordöstlich ihm vorgelagerten niedrigeren aber schön geformten Vulkankegel des Apiaberges (Abb. 3) als Ansegelungsmarke dient. Westlich davon, im Südwesten von Apia liegt, als Ziel eines der schönsten Ausflüge, die man in der Südsee machen kann, der Gipfel des Lanutoo (783 m). Ist man auf den urwaldbeschatteten Kraterpfaden zu der Rückenfläche des Gebirges emporgedrungen, dann findet man dort — freilich nur dem Kundigen im Walddickicht bekannt — nicht weniger als drei regelmäßige Krateröffnungen wenige hundert Meter voneinander. Der eine von diesen war bei meinem Besuch trocken und der mit feinblättrigen Sumpfpflanzen bedeckte Boden hatte die Form einer außerordentlich regelmäßig runden flachen Schale (Abb. 4); die beiden anderen waren mit

Abb. 21. *Im samoanischen Busch der Ebene I. (Zu Seite 34.)

Abb. 22. *Im samoanischen Busch der Ebene II. (Zu Seite 34.)

Wasser gefüllt. Der größte von ihnen, der den Namen Lanutoo insbesondere führt und der die höchste Stelle des Berges einnimmt, ist von wunderbarer Schönheit (Abb. 6). Das tiefgrüne Wasser des kreisrunden, etwa 200 m breiten Beckens war von dichtem Schilf und Pandanus umkränzt, und die ringsum weich emporsteigenden Berghänge mit einem überaus dichten Polster herrlich grünen Urwalds überzogen, in dessen geschlossene Laubmassen zartgefiederte Pandanuswipfel und die graziösen Fiedern einzelner wilder Kokospalmen eine äußerst reizvolle, alle unsere Blicke bezaubernde Abwechslung brachten.

An zwei gegenüberliegenden Stellen des höchsten, ziemlich schmalen Kraterlandes hatte die Hand eines verständnisvollen, in Apia wohnenden Europäers, des Arztes Dr. Funk, den mächtigen Urwald niederlegen und so einen freien Ausblick schaffen lassen, von einem Reiz, wie er auf der Erde selten sein wird. Nach beiden Seiten der Insel schaut man hernieder. Nach Norden gleiten die grünen, urwaldgekleideten Gehänge hinab bis zu der Bucht von Apia, deren Schiffe wie winziges Spielzeug in der Ferne auf dem sonnenblitzenden Wasser liegen; nach Süden zu der Bucht von Safata. Hier bleiben die Ansiedelungen unter dem Schutze des Waldteppichs dem Auge verborgen. Das Meer scheint unmittelbar den Urwald zu begrenzen. Rings um beide Küsten aber, so weit das Auge reicht, zieht sich wie ein ferner silberner Streifen die Schaumlinie der Brandungswellen am Korallenriff und scheidet das lichte grüne Wasser der inneren Riffläche von dem tieferen Blau des freien Ozeans, der in weiter Ferne, fast ganz ohne sichtbare Grenze für das Auge, mit dem gleichfarbigen Himmel verwächst. Vom Lanutoo ab zieht der Bergkamm sich allmählich senkend weiter nach Westen, um endlich mit dem bereits erwähnten, wunderbar regelmäßigen Vulkan Tofua wie mit einem Eckpfeiler zu endigen. Auch der Tofua (650 m) trägt noch einen 112 m tiefen Kraterkessel mit scharfem, kaum 5 m breitem Rande, der aber im Innern keinen See birgt, sondern bis in die Tiefe mit dichtem Urwald ausgepolstert ist.

Der westlichste Teil Upolus wird von einer der breiten Verflächung gebildet, der geräumigsten Ebene, die wir im Bereich der samoanischen Inseln kennen.

Diese Ebenen spielen für den Haushalt der Insel die bedeutendste Rolle, denn hier allein kann sich eine nennenswerte Bodenkultur entwickeln. Hier liegen auch die Ansiedelungen der Bevölkerung. Die eigentlichen Bergpartien sind dazu zu steil und unwegsam.

Neben der großen Ebene von Aana — so ist der Name der westlichsten Landschaft von Upolu —, umkränzt zum Glück noch eine ganze Reihe anderer fruchtbarer

Abb. 23. *Im Bergwald am Lanutoo. (Zu Seite 34.)

Verebenungen den Fuß der geschilderten Gebirgskette. Besonders wertvoll darunter ist der flache Landesstreifen, der sich von der Westspitze längs des nördlichen Strandes bis ostwärts von Apia hinzieht. Hier findet sich die dichteste Eingeborenenbesiedelung, und unter anderen auch Leulumoenga, diejenige Dorfschaft, die in den Augen der Samoaner bisher als ihr eigentlicher politischer Vorort, soweit sie einen solchen überhaupt gelten ließen, angesehen wurde. Weitere Verebenungen nach Osten haben wir um die kleine Bucht von Saluafata, ferner im Hintergrund der Bucht von Falifa die weit ins Innere hineinziehende Ebene gleichen Namens; am Ostende die Ebene von Aleipata, auf der Südseite die Ebenen von Falealili, Safata und Lefanga. Aber auch wo steiles Gelände an die Küste herantritt, ist doch überall eine nicht allzu schwere Verbindung zu Fuß möglich. Daher umgürten die Ansiedelungen die ganze Insel Upolu wie eine zusammenhängende Kette ineinandergreifender Glieder, die in um so innigerer Beziehung miteinander stehen, als die bequeme Schiffahrt hinter dem Schutze der Korallenriffe längs des Ufers nur an wenigen Stellen unterbrochen ist. Das Innere Upolus dagegen ist unbewohnt und wird nur von wenigen schmalen Fußpfaden durchzogen. Der erste fahrbare Weg quer durch das Eiland wird gegenwärtig durch die deutsche Regierung angelegt. Er wird von Apia aus den Rücken der Insel auf der erwähnten flachen Einsattelung im Südosten dieses Ortes überschreiten und die Südküste bei Falealili erreichen.

Die Bewässerung Upolus ist reich und schön. Zahlreiche Flüsse stürzen zu beiden Seiten von der Gebirgskette herunter, die, da auch in der sogenannten Trockenzeit der Regen niemals ganz mangelt, meist das ganze Jahr hindurch Wasser haben. Kartographisch sicher festgelegt sind in den meisten Fällen nur erst ihre Mündungen am Ufer; der ganze Urwald ist aber durchzogen von großen und kleinen Wasseradern, die einen der höchsten Reize dieses mit so wunderbarer Schönheit geschmückten Eilands bilden (Abb. 5). Nah und fern hört man es bei einer Wanderung durch die Bergwälder rauschen; bald ist es das Murmeln eines Baches, der in der Nähe unter dichtem Gebüsch dahinzieht, bald ist es das ferne Tosen eines Wasserfalls, der in der Tiefe einer mächtigen, walderfüllten Bergschlucht zu Tal stürzt (Abb. 8); und wandert man auf dem Sand und Blockgeröll der Meeresküste, unter den Kokospalmen des Strandes entlang, so hat man wieder und wieder mit dem Verkehrshindernis einer der klaren, breiten Flußmündungen zu rechnen, die hier in das Meer hinaustreten. Der Samoaner pflegt ihre flache über feinen, weißen Sand dahinströmende Flut mit seinen nackten Füßen einfach zu durchschreiten. Brückenanlagen finden sich daher außerhalb Apias nur bei einigen wenigen größeren Flüssen, hergestellt aus Baumstämmen, die entweder unmittelbar auf die aus dem Bett aufragenden Lavablöcke oder einfach aus Steinpackungen hergestellten Pfeiler gelegt sind. Bei dem Ort Lufi-Lufi, etwa 20 km östlich von Apia, tritt eine Quelle unterirdisch in die See hinaus, indem sie in den Hintergrund einer Grotte mündet, die wohl als der Hohlraum eines alten Lavastromes anzusehen ist und sich nach dem Meere zu öffnet. Die Eingeborenen haben vor ihren Eingang einen kleinen Damm gegen die See aufgeführt, so daß ein kleines Süßwasserbecken entstanden ist, das zu einem Teil, hart am Meere, noch unter freiem Himmel liegt, zum anderen weit in den tiefen Schatten der Grotte hineinreicht. So ist das entzückendste Badebassin geschaffen, das sich denken läßt; man kann das Bad nach Belieben in dem strahlenden Tropenlicht unter Kokospalmen angesichts der rauschenden See oder im geheimnisvoll kühlen Dämmerschatten des Berginnern nehmen.

Der Fluß Waisingano, der in einer bezaubernden Landschaftsszenerie bei Apia mündet (Abb. 7), bildet den berühmten Wasserfall Papaseea. Er fällt hier über einen ganz glatten Felsen hinab zu einem 7 m tiefer gelegenen Bassin, und es ist eine der beliebtesten Vergnügungen in diesem paradiesisch harmlosen Lande, daß man mit den jungen eingeborenen Voll- oder Halbblut-Samoanerinnen sich hierher zum Picknick begibt und sich gemeinsam mit dem Baden und Herunterrutschen über diesen Felsen belustigt (Abb. 1).

Abb. 24. Brotbäume am Strande. (Zu Seite 35.)

In der Bucht von Fangaloa sieht man einen Wasserfall aus großer Höhe direkt zum Meere hinunterstürzen, und Wilkes hat im Innern der Insel einen Fall bis zu 200 m Höhe gesehen.

Keiner dieser Flüsse freilich, von denen die Langhanssche Karte etwa 30 angibt, ist schiffbar. Am ungünstigsten in Bezug auf die Bewässerung steht die flache Westspitze der Insel, wo zur Trockenzeit in dem durchlässigen Boden aus Lavageröll gelegentlich ein empfindlicher Wassermangel entsteht.

Mit den Häfen Upolus ist es freilich schlecht bestellt. Die viel genannte Bucht von Apia bietet zwar während der größten Zeit des Jahres, wo der Südost-Passat weht, einen genügenden Schutz; grade in der gefährlichen Jahreszeit aber, wenn Nordost-, Nord- und Westwinde wehen, und besonders bei den um diese Zeit häufigen Orkanen, ist sie durchaus ungenügend. Durch die etwa $^1/_2$ km breite Einfahrt zwischen den umsäumenden Korallenriffen wälzt sich dann die Dünung des Ozeans mit furchtbarer Gewalt herein (Abb. 2), und die Schiffe laufen Gefahr, auf das im Hintergrund der Bucht gelegene und sie in zwei Teile teilende innere Korallenriff, von den Seeleuten dort mit dem Namen Kap Horn bezeichnet, geschleudert zu werden. Bekanntlich trat das im Jahre 1889 in einer für unsere Marine höchst verhängnisvollen Weise ein. Neben einigen amerikanischen und englischen Schiffen wurden zwei schöne Kriegsschiffe, „Adler“ und „Eber“, dort auf das Riff geworfen und noch heutigen Tages liegt der Eisenrumpf des „Adler“ wie das Gerippe eines ungeheuren Tiergebildes der Vorzeit auf den Klippen, einen Steinwurf vom Lande (Abb. 9). Der Kapitän Emsmann vom „Cormoran“, der zur Zeit meiner Anwesenheit seit einem Jahre dort das deutsche Stationsschiff befehligte, erzählte mir, daß er während der ganzen kritischen Zeit im Monat März Tag und Nacht unter Dampf gelegen, und nicht weniger als viermal hatte er den genannten Hafen eilig verlassen, um auf der hohen See Sicherheit zu gewinnen.

Abb. 25. Häuptling in Tapakleidung. (Zu Seite 35.)

Abb. 26. Samoanerin, Vater von Tonga, Mutter von Samoa. Nach Krämer. (Zu Seite 39.)

Auch die übrigen Buchten Upolus sind nicht günstiger. Etwas geschützter ist die kleine Bucht von Saluafata, 17 km östlich von Apia, da sie von hohen, dicht an das Ufer herantretenden Bergen umgeben ist. Hier soll auch künftig in der gefährlichen Jahreszeit das deutsche Stationsschiff liegen, und eine Heerstraße ist bereits im Bau, die diesen Platz mit Apia in Verbindung setzt. Für eine größere Entwickelung als Hafen aber ist die Bucht doch zu klein und die Einfahrt durch das Riff auch zu schwierig. Einen fjordartigen, tiefen Einschnitt mit steilen Wänden bildet die Bucht von Fangaloa, die auf der Karte als ein glänzender Hafen erscheinen könnte; allein sie ist den Nordostwinden vollkommen frei ausgesetzt, mit unbequemen Küstenriffen gespickt und entbehrt auch eines geeigneten Hinterlandes.

Auf der Südseite Upolus ist die Gestaltung noch ungünstiger, zumal hier der Südostpassat während des größten Teils des Jahres scharf auf die Küste steht. Bei Falealili schafft die kleine vorgelagerte Insel Nuusafee mit ihren Riffkränzen einigermaßen Schutz. Wir haben mit zwei Kriegsschiffen dort hinter dem Korallenriff gelegen (Abb. 10); allein die Anfahrt war infolge der unterseeischen Riffe doch schon bei dem normalen Seegang sehr bedenklich, und bei stürmischem Wetter würde der Platz jedenfalls zu vermeiden sein. Nicht anders steht es mit dem Hafen von Safata.

* * *

Zu Upolu gehört, außer einigen unbewohnten, von der Brandung seltsam zerfressenen Lavaklippen (Abb. 11), die kleine, aber wichtige und in der Geschichte Samoas bedeutsame Nebeninsel Manono. Diese liegt vor der Westspitze Upolus, noch innerhalb

Abb. 27. Ein Häuptling auf Samoa. (Zu Seite 40.)

des die Hauptinsel umsäumenden Korallenriffs. Sie hat eine flachgewölbte, schildartige Oberfläche, die sich bis zu 190 m erhebt und ganz und gar mit Wald überzogen ist. Manonos Bedeutung beruht auf seiner Lage innerhalb der Meeresstraße, die Upolu von Sawaii trennt. Hier ist eine Gelegenheit zur Beherrschung des Verkehrs zwischen den beiden Inseln gegeben, und die Einwohner des kleinen Eilands haben diese Eigenschaft auch auszunutzen verstanden. Manono ist berühmt als Sitz hervorragender Adelsgeschlechter, die oft und lange einen wesentlichen Einfluß auf die Geschicke des Archipels ausgeübt haben, und zwar ganz besonders dadurch, daß sie das kleine 3 km nordwestlich in der Mitte derselben Meeresstraße gelegene Inselchen Apolima in ihren Besitz gebracht und zu einer für die Kriegsmittel der Samoaner uneinnehmbaren Festung umgestaltet haben.

Diese Insel Apolima ist eines der reizvollsten und merkwürdigsten Gebilde der Südsee. Sie ist der Gipfelkrater eines mitten aus der nach ihr benannten Meerenge aus beträchtlicher Tiefe emporsteigenden Vulkans von fast kreisförmigem Umriß (Abb. 12). Mit unersteiglich steilen, von der wütenden Brandung in seltsamen Hohlformen ausgewaschenen und zum Teil überhängend gemachten Felsenwänden erhebt sie sich aus der unablässig an ihr emporwogenden und in tausend Farben schillernden See. Der Name Apolima bedeutet „Handteller“ und hängt damit zusammen, daß das Innere dieses merkwürdigen Meereskastells von einer Kraterrundung ausgefüllt ist, deren Tiefe sich bis zum Meeresspiegel herunterneigt und an einer einzigen Stelle durch einen Barranco mit ihm in Verbindung steht. Nur an dieser Stelle ist ein Zugang zu Apolima möglich. Aber auch hier nur bei ruhigem Wasser und unter Führung eines genau ortskundigen Schiffers, der es versteht, im rechten Moment zwischen dem brausenden Schaum und Schwall der Brandungswellen das Boot hindurch zu steuern. Ist dieser aufregende Moment vorüber und die schmale Klippengasse passiert, dann sieht man sich staunend auf dem spiegelnd ruhigen Wasser einer kleinen Binnenlagune, die den schönsten und sichersten Hafen für die Boote der Samoaner abgibt. Die ganze Höhlung des sich daranschließenden großen Kraterkessels ist mit Plantagen von Kokospalmen, Brotbäumen und anderen Nutzpflanzungen erfüllt. Ein kleines sauberes Dorf nimmt den vom Wasser nicht bedeckten Boden des Kraters ein (Abb. 13). Auch ein Süßwasserquell ist vorhanden, kurz, alles, was eine belagerte Festung braucht.

* * *

Von den Höhen des Kraterrandes von Apolima gewährt die letzte und größte Insel des samoanischen Archipels, das 9 km entfernte Sawaii, einen ungemein imponierenden Anblick. Der Umriß der Insel auf der Karte ist der eines ziemlich regelmäßigen Rhombus, dessen lange Achse nahezu 80 km, dessen kurze 50 km beträgt. Der Flächeninhalt wird auf 1707 km angegeben. Die bisherigen Karten zeichnen orographisch ein schwer übersichtliches Bild, in dem mehrere ungefähr westöstlich ziehende Ketten erkennbar sind. Von weitem gesehen, gewahrt man von jenen parallelen Ketten nichts, vielmehr gibt sich die Insel sofort als ein einziger, gewaltiger, mit sanften Neigungen emporsteigender einheitlicher Vulkandom zu erkennen, ein Gebilde, das lebhaft an, den allerdings doppelt so hohen, Ätna erinnert. Man kann diese größte Insel des samoanischen Archipels als ein verkleinertes Gegenstück der Hauptinsel des Hawaii-Archipels, Hawaii, ansehen, mit der sie ja auch auffallenderweise denselben Namen trägt, denn h und s vertreten einander öfters in den polynesischen Sprachen. Die höchste Höhe von Sawaii (1646 m) übertrifft um ein wenig diejenige unserer Schneekoppe.

Im einzelnen scheinen Zerklüftungen den Grundbau in der Weise zu gliedern, daß drei parallele Höhenstreifen in westöstlicher Richtung entstehen, von denen der mittlere der höchste ist.

Weit charakteristischer für das Gesamtbild der Insel von außen ist aber die Fülle deutlich erkennbarer, parasitischer Nebenkrater, die wie Warzen den Gehängen des großen Bergstocks aufsitzen (Abb. 14). Hier und dort wird man durch die Regelmäßigkeit und Menge dieser Kratergebilde an die bekannten Mondlandschaften gemahnt. Nur ein Vulkan steht ziemlich selbständig neben dem Hauptgebirge, der kleine auf der Südostecke innerhalb einer Verebenung gelegene Vulkankrater, der denselben Namen Tofua trägt, wie der gegenüber gelegene Eckpfeiler von Upolu.

Das Innere der Insel ist noch sehr wenig durchforscht. Das Gelände ist wild zerrissen und zerklüftet. Erst in einer Höhe von 1000 m treffen wir nach Reinecke einzelne Gebiete vom Charakter stark welliger Hochebenen, aus denen aber auch noch isolierte Kegel überall emporragen. Am wenigsten zerklüftet ist der nordwestliche, am meisten der östliche Teil der Insel.

An der Küste finden sich auch in Sawaii einzelne Verebenungen, besonders an der Ostseite von Jeva und Safotulafai, an der Nordseite bei Matautu und Asaua, an der Südseite bei Paluale; aber sie sind in ihrer Gesamtheit geringer entwickelt als die Ebenen von Upolu. Auf weite Strecken hin, insbesondere im Südwesten, ist das Gehänge des Vulkanbaues in steilen Wänden vom Meere angeschnitten, gerade wie dies in entsprechend gewaltigerem Maßstabe auf Hawaii der Fall ist. An diesen steilen Küsten steht jahraus, jahrein eine gewaltige Brandung, die vielfach eigentümliche Erscheinungen hervorgerufen hat. Die Lavamasse, bereits vorher schon vielleicht von Klüften durchzogen, ist unter dem Schwall der Brandung an den Steilhängen im Niveau des Meeres zu tief hineingreifenden Höhlungen ausgearbeitet worden. Oft ist dann im Hintergrunde einer solchen Höhlung durch den Druck der Wasser eine kaminartige Öffnung nach oben geschaffen, aus der dann beim Anprall der Wellen die eingepreßte, mit Wasserstaub vermischte Luft in regelmäßigen Intervallen hoch in die Lüfte empordringt. Der feine verteilte Wasserstaub bleibt nach jedem Ausstoß längere Zeit in der Luft dampfartig hängen, und so kann der Vorüberfahrende, der den wahren Sachverhalt nicht kennt, durch die täuschende Ähnlichkeit des Erscheinungsbildes zu der Annahme gebracht werden, daß diese düstere, schwarze Felsenküste mit kochenden, intermittierenden Geiserquellen besetzt ist, wie das benachbarte Neu-Seeland sie besitzt.

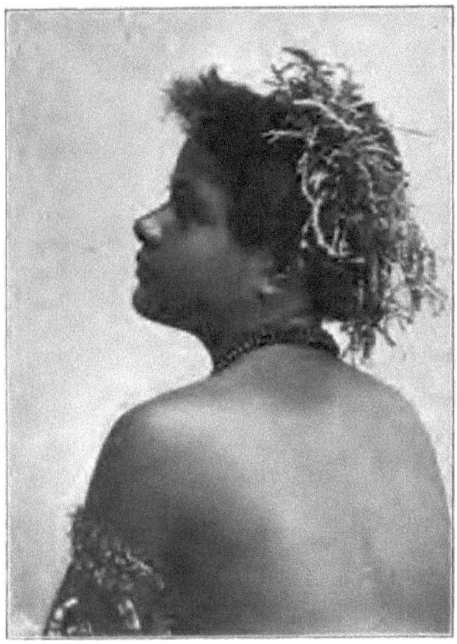

Abb. 28. Junge Samoanerin. (Zu Seite 40.)

Daß der Boden des unbewohnten, bis an die höchste Spitze mit Urwald überzogenen Sawaii noch weit weniger verwittert ist als derjenige Upolus und daß ein wildes Blockgetrümmer ihn deshalb überdeckt, erwähnten wir bereits. Ebenso die Existenz frischer Lavaströme, die als solche schon von der Meeresküste aus bemerkbar sind. Von Asaua aus sieht man besonders deutlich einen solchen; in Dreiecksform zieht er sich von dem Krater Mua zur Küste herab, weithin erkennbar dadurch, daß hier der Urwald durch eine niedere, eben erst beginnende Vegetation von hellerer Farbe abgelöst ist.

Interessant ist auch ein mit einer Klippenreihe sich in das Meer hinausziehender Lavastrom, aus der äußersten Westspitze von Sawaii bei Falealupo. Entsprechend der bei allen polynesischen Völkern verbreiteten mythologischen Anschauung, daß das Totenreich im Westen, dem Sitz der untergegangenen Sonne sich befindet, verlassen hier die Schatten der Verstorbenen die geliebte Heimat, um über die geheimnisvolle See hin der untergehenden Sonne zu folgen. Nach anderer Anschauung bilden zwei Höhlungen am Ufer,

Abb. 29. *Kleines Mädchen auf Apolima. (Zu Seite 40.)

die ebenfalls in dieser Gegend liegen und wohl alte Lavakamine sind, den Eingang in das unter der Erde zu denkende Totenreich. Die eine dient den Seelen der Vornehmen, die andere denen der niedrig Geborenen als Pforte in die Unterwelt.

Den Kenner kann es deshalb nicht allzusehr überraschen, daß auf der Insel Sawaii im Herbst des vorigen Jahres (1902) die vulkanischen Kräfte sich von neuem geregt haben.

Die bis zum Abschluß des Manuskripts (Januar 1903) nach Deutschland gelangten Nachrichten lassen allerdings erkennen, daß bisher die neue Eruptionstätigkeit sich in sehr bescheidenen Grenzen hält. Sie kündigte sich Ende Oktober durch eine Steigerung der in ganz Samoa in leichter Form alltäglichen Erdbeben an, und Erdbeben, besonders im nördlichen Teil Sawaiis, begleiteten auch weiterhin die Eruptionsperiode selbst. Das stärkste von ihnen fand am 7. November statt; es war stark genug, um einige der kleinen aus Stein gebauten Missionskirchen an der Nordküste der Insel zu beschädigen oder zu zerstören (Abb. 15). Am 31. Oktober wurde etwa 26 km im Südwesten von Matautu, dem Hauptstationsort der Europäer auf Sawaii, Feuerschein auf dem nördlichen Haupt-

Abb. 30. Ein Kriegstanz der Samoaner. (Zu Seite 41.)

rücken der Insel bemerkt, eine wechselnd hohe Flamme stieg empor und rotglühende Stoffe wurden unter fernem Donnergeräusch emporgeschleudert. Unter den Eingeborenen der Nordküste entstand bei diesem unerhörten Ereignis eine große Panik; sie flüchteten zu den östlicheren Dörfern und beteten und schrien. Der sofort aus Apia — bis wohin der Ausbruch selbst nicht bemerkbar gewesen zu sein scheint — herbeigeholte Gouverneur vermochte angesichts der Geringfügigkeit des Vorganges die Erschrockenen zu beruhigen. Eine sofort angestellte Rundfahrt um die Insel ergab, daß nirgends Schaden an Leben und Eigentum eingetreten war.

Der zur Zeit auf Samoa zu wissenschaftlichen Arbeiten weilende Dr. Tetens unternahm eine Expedition zu dem Krater (Abb. 16), der am 8. November in etwa 1460 m Höhe am Fuß eines der früheren Kraterringe, etwa 7 m südlich von dem Inlanddorf Aopo, festgestellt wurde (Abb. 17). Er hatte damals rings den Urwald verbrannt und bis 3 km nach Nordwesten, vielleicht durch Lavatransport, einen Geröllstrom abwärts geschickt, der in Gestalt eines 5 bis 10 m hohen Dammes den Urwald teils versengt, teils überwälzt hatte (Abb. 18).

Bis zum Beginn des Dezember hatte die Tätigkeit des Vulkans immer mehr abgenommen, größere Zerstörungen, als die der Missionskirchen, waren nicht vorgekommen. Es würde nun freilich verfrüht sein, sich deshalb vollkommen in Sicherheit zu wiegen. Ein neuer Ausbruch nach einem so tiefen Schlummerzustand der vulkanischen Kräfte ist immer besonders bedenklich, und nicht immer beginnt eine Eruptionsepoche mit dem Hauptausbruch. Jedenfalls müssen wir mit der Tatsache, daß der Vulkanismus von Samoa noch lebendig ist, aufmerksam rechnen.

Die Bewässerung Sawaiis ist ärmer als die Upolus, obwohl jahraus, jahrein schwere Wolkenmassen das Haupt des Riesen umkränzen und der dichte Waldwuchs die Konzentration der Feuchtigkeit unterstützt. Es fehlt auch nicht am Regenfall; dieser ist im Gegenteil in den oberen Regionen ungemein reich, aber der Boden zu sehr zerklüftet und scheint, einem Riesenschwamme ähnlich, das niederfallende Wasser von der Oberfläche in die Tiefe zu saugen und zum Teil vielleicht unterirdisch in die See abzuführen. Immerhin findet sich am Rande der Küste eine ganze Anzahl von Flüssen, die zum Teil als bereits breite Wasserläufe unweit des Strandes aus dem Gestein hervortreten. Die Mehrzahl von ihnen trocknet allerdings in der regenlosen Zeit ganz oder nahezu ganz aus. Die Hafenbildung ist noch spärlicher als auf Upolu. Einzig die kleine Bucht von Matautu nahe der Nordostecke der Insel bietet zur Zeit des Südostpassats eine geschützte Reede für europäische Schiffe (Abb. 19). Wehen die Winde aus dem nördlichen Quadranten, so ist sie unbrauchbar. Etwas tiefer schneidet die Bucht von Asaua unweit der Westspitze Sawaiis in die Küste ein, aber Korallen machen sie ungünstig. So kommt es, daß Sawaii trotz ihres viel bedeutenderen Areals doch, für uns ebenso wie von jeher für die Eingeborenen, weit weniger wertvoll ist als Upolu.

* * *

Das Klima der Samoa-Inseln ist ihrer geographischen Lage entsprechend ein durchaus tropisches und ozeanisches. Die Temperatur ist gemildert durch die Einflüsse des Meeres und nur geringen Schwankungen zwischen Sommer und Winter unterworfen. Die mittlere Jahrestemperatur Apias ist 25,7° C. Die mittlere Temperatur des wärmsten Südsommermonats, des Dezember, 26,7°, die des kühlsten Südwintermonats, des Juli, 24°. Die Extreme 31° und 15° werden selten erreicht. Am drückendsten empfindet man die Tropenwärme zur Regenzeit, wo dichte Wolkenhüllen die Ausstrahlung behindern und treibhausartige Feuchtigkeit die schwüle Atmosphäre erfüllt. Zur Trockenzeit dagegen erquicken die frischen Luftströme des Passats oder vorübergehende örtliche Land- und Seebrisen, und Morgen-, Abend- und Nachtzeit sind außerordentlich angenehm und wohlig.

Der Gang des Klimas hängt ab von der der Sonne folgenden Verschiebung der Windgürtel. Den größten Teil des Jahres liegen die Samoa-Inseln im Bereich des Südostpassats, der am stärksten von Juli bis September weht. Die Südseite wird dabei

Abb. 31. Samoanische Ehrenjungfrau (Taupo). (Zu Seite 42.)

naturgemäß von ihm mehr als die Nordseite bestrichen, aber die glückliche Lage der Insel bringt es mit sich, daß er, zuweilen fast aus Osten wehend, diese nicht allein berührt. Infolgedessen fällt in Samoa die sonst häufige, ungünstige Erscheinung fort, daß nur die vom Winde getroffene Hälfte der Insel hinreichende Feuchtigkeit erhält und damit ein üppiges Pflanzenkleid; der Wald erscheint auf Samoa allenthalben gleich dicht.

Die schönste Zeit ist April bis Juni, wo nach der schweren feuchten Regenzeit eine Art Frühling über Samoa kommt, und der Passat sich noch nicht zu der Stärke des Hochsommers entwickelt hat. Ähnlich angenehm steht es vor Beginn der Regenzeit, die vom November bis April dauert. Die Trockenheit während des Nordsommers ist übrigens durchaus keine absolute, auch in dieser Zeit fallen hier vorübergehend Regen und erquicken Natur und Menschen. In der Regenzeit fällt eine außerordentlich starke Wassermenge. Gewaltige Wasserströme rauschen hernieder unter heftigen, böigen Windstößen. Der Passat tritt während dieser Zeit seine Herrschaft an die Kalmenzone ab, deren Grenze Samoa streift. Unregelmäßige Winde aus Nordost wehen, abwechselnd mit Windstille und furchtbar heftigen, unter Donner und Blitz oft mehrere Tage lang wütenden Wirbelstürmen, die teils örtlich entstehen, teils von Nordwest nach Südost auf dem Meere vorüber wandernd, die Küste berühren und gelegentlich große Zerstörung anrichten. Die Regenmenge im Jahre ist auf der hinter Apia gelegenen Pflanzung Utumapu auf 340 cm im Jahre bestimmt worden (Berlin hat etwa 60).

In der Trockenzeit bleibt der Wald eine dauernde Quelle der Feuchtigkeit. Auch um diese Zeit bringt in den Wäldern noch eine kleine Wanderung in Schweiß. Eine lebhafte Kondensation von Tau findet statt, der im Schatten in Form feinen Regens von den Blättern tropft. Würde man, um einen größeren Betrag des Landes der Kultur zugänglich zu machen, die Wälder in erheblichem Umfange abholzen, so würde zweifellos rasch eine verhängnisvolle Veränderung im Klima der Insel eintreten.

* * *

Der schönste landschaftliche Schmuck Samoas ist das wundervolle Waldkleid, mit dem es, wie von den schweren Falten eines Sammetmantels, vom Meeressaum bis zu seinen höchsten Gipfeln überkleidet ist.

In der Flora der Inseln sind, der Lage des Inselreiches entsprechend, die Einflüsse von Asien, Australien, Neu-Seeland und Amerika vertreten. Weitaus überwiegend freilich ist der Charakter der asiatisch-indischen Vegetation.

Rings um den Fuß der Insel schlingt sich zunächst ein mehr oder minder breiter Gürtel von Kokospalmen, die, wo sie von den Samoanern gepflanzt sind, regellos, wie im natürlichen Wuchs stehen. Nur in den europäischen Pflanzungen sind sie forstmäßig geordnet (Abb. 20). Dahinter setzt dann unmittelbar der Urwald ein, der sich den kühnsten Geländeunebenheiten anschmiegt. Es wird kaum eine Stelle auf Erden geben, wo der Tropenurwald schöner ist als in Samoa; deshalb nämlich, weil ein gewisses Maß in ihm liegt. Es ist nicht dieses unheimliche, übergewaltige Wachsen, wie man es in den brasilianischen Wäldern findet, oder in manchen Wäldern Indiens oder Zentralafrikas oder im Innern von Neu-Guinea. Der samoanische Busch ist nicht undurchdringlich, sondern verhältnismäßig lose gestellt und im Innern nicht modrig dumpf unter der Überfülle der Vegetation. Gegen die Waldränder hin erscheint allerdings das Unterholz derartig kompakt, daß man den Durchweg für unmöglich hält, dahinter aber wird es lichter und die Sonnenstrahlen rieseln vielfach zwischen den höheren Stämmen in die Tiefe hinab (Abb. 21). Wie bei allen Tropenwäldern kann man auch hier eine mehrfache Schicht der Laubentwickelung übereinander konstatieren. Den Boden überziehen Farne und Moose als unterstes Geschoß, darüber erheben sich als Unterholz Bambus und allerhand Buschwerk. Noch höher — 10 bis 15 m hoch — liegt das dichte Dach der Palmen und der vorherrschenden Laubbäume, und über diese hinweg ragen die riesigen Ficusarten mit ihrer gewaltigen Wipfelmasse in die Lüfte, die zu den höchsten Bäumen zu rechnen sind, die sich auf der Erde überhaupt finden. Staunend betrachtet man, im Urwald wandernd, die mächtigen, pfeilerartigen Stämme, die zwischen dem kleineren Holz schlank und kraftvoll emporsteigen (Abb. 22). Blickt man aber von irgend einer Höhe über die Oberfläche eines Waldes dahin, dann ragen die Wipfel dieser einzeln stehenden Riesen hier und dort wie Inseln über dem grünen Meere der übrigen Bäume auf. Eigentümlich wirken im Waldinnern die zahllosen, oft wie Draht dünnen, senkrechten Luftwurzeln, die von den Wipfeln zur Erde gehen. Überhaupt zieht bei der engen Gedrängtheit des Wuchses in den Niederungswäldern alles möglichst schlank und gerade nach oben, dem Lichte entgegen. In den Bergwäldern dagegen, wo die Unebenheiten des Terrains allerlei Unregelmäßigkeiten mit sich bringen, wird der Urwald krauser und verwickelter, ohne indessen bis zu den Gebirgskämmen hinauf, wenigstens in Upolu, eine nennenswerte Abnahme des Wuchses zu zeigen (Abb. 23). Hier wie überall in den Tropen sind die Baumwipfel reich mit Rankenpflanzen behangen, die oft mehr ihren Anblick bestimmen, als das eigene Blätterwerk des Baumes. In den Lagunen wachsen Mangrove, auf feuchten Stellen Pandaneen und gewaltige Bambusbüsche.

Abb. 32. *Die Taupo von Matautu bei den Festen zur deutschen Flaggenhissung auf Sawaii. (Zu Seite 42.)

Unter den Nutzpflanzen, die der Eingeborene pflegt, steht naturgemäß die Kokospalme obenan. Die Samoaner haben eine große Gewandtheit, die schräg geneigten Stämme zu erklettern und die Nüsse mit ihrem saftigen Inhalt herunter zu werfen. Eine frische, nach Sonnenaufgang von der Schattenseite des Baumes gepflückte Kokosnuß, deren Saft noch die angenehme Nachtkühle bewahrt, bietet stets eine prachtvolle Erquickung.

Neben der Kokospalme gewährt der großlaubige Brotfruchtbaum (Abb. 24) den Eingeborenen beliebte Nahrung, ebenso die üppig tragende Banane, die übrigens auch in einer wildwachsenden Form in den Wäldern vorkommt. Auch der indische Mango mit seinen tiefgrünen Laubmassen ist vertreten. Auf feuchten Stellen in der Nähe der Dörfer legen die Samoaner ihre Taropflanzungen an, deren Wurzelknollen eine besonders beliebte Speise sind. Aus dem Bast des Pandanus werden die kostbaren Matten geflochten, von denen wir noch zu sprechen haben; aus demjenigen des Papiermaulbeerbaumes bereiten die Frauen das einheimische Siapozeug oder die Tapa (Abb. 25). Auch Gerste, Hirse, Zuckerrohr werden stellenweis gebaut. Den Tabak schätzen die Eingeborenen sehr und bauen ihn mit ziemlicher Sorgfalt in der Nähe ihrer Dörfer selbst. Die früher von den Europäern hier eingeführte Baumwolle dagegen ist infolge der ungünstigen Konjunktur des Weltmarktes wieder aufgegeben worden. Große Hoffnungen setzt man neuerdings auf die Anpflanzung des Kakao.

* * *

Arm, wie auf allen ozeanischen Inseln, ist die Tierwelt. Einheimische Säugetiere gibt es außer einigen Flugsäugern nicht. Ein jedem Besucher Samoas wohlbekannter Charakterzug der Landschaft sind die großen „fliegenden Füchse“. Sobald die Sonne sich zum Untergang neigt, flattern diese Tiere mit ihren mächtigen dunklen Fittichen um die Wipfel der Kokospalme, erfüllen mit zwitscherndem Gekreisch die Kronen der Brot- und Mangobäume oder streichen geräuschlosen Fluges, wie bei uns die Eule, zwischen den Stämmen dahin. Die Samoaner verschmähen das unangenehm riechende Tier als Speise. Die vom Bismarck-Archipel eingeführten melanesischen Pflanzungsarbeiter dagegen fangen es gern und braten es am Kohlenfeuer. Daneben gibt es noch kleinere Fledermäuse, die sehr ähnlich den unsrigen sind, und ihre Wohnungen gern in unterirdischen Höhlen und Gängen haben, wo sie in Scharen von der Decke herniederhängen.

Alle übrigen vierfüßigen Tiere sind erst neuerdings durch den Menschen eingeführt; so die Ratten, so auch die Schweine, deren Einführung man den weißen Walfischfängern zuschreibt und die bereits La Pérouse auf den Inseln antraf. Dieses Schwein, eine kleine schwarze Art, wird als Haustier in der Nähe der Dörfer gehalten, und die steinernen Umfriedigungen, welche ihr Entweichen in den Wald verhindern sollen und deshalb bis zum Meeresufer fortgeführt zu werden pflegen, sind ein bekanntes Verkehrshindernis auf den längs dieses Ufers dahinführenden Pfaden. Zum Teil sind die Schweine aber auch seit langer Zeit verwildert in den Urwäldern als einziges Jagdhochwild Samoas zu finden.

Neben dem Schwein kommt auch der Hund als Haustier vor, der nachts die Gehöfte bewacht und auch auf der Jagd verwendet wird. Auch Katzen sind neuerdings in Samoa eingeführt und zum Teil schon verwildert zu treffen; ein Umstand, der im Interesse der schönen Vogelwelt Samoas sehr zu bedauern ist.

Die Vögel sind, wie das bei einem Insellande leicht begreiflich, zahlreicher vertreten als die Säugetiere. Es gibt über 50 Landvogelarten, von denen 15 als Samoa eigentümlich angesehen werden. Die Hauptrolle spielen darunter die Tauben. Unter ihnen ist zoologisch die interessanteste ohne Frage die merkwürdige Zahntaube, Manumea von den Eingeborenen genannt, ein großer dunkler Vogel, der an seinem Unterschnabel zahnartige Haken besitzt. Er ist eine zoologische Merkwürdigkeit von hohem wissenschaftlichem Werte, da er den letzten Verwandten einer ausgestorbenen Vogelart vorstellt, der auch die ausgerottete Dronte von Mauritius angehörte. Wie diese ist er leider fett, dumm und unbeholfen und geht deshalb wohl ebenfalls unausbleiblich seinem Untergang entgegen. Der zoologische Garten von Sydney zahlte neuerdings, wie Reinecke (Samoa, S. 205) angibt, 3000 Mk. für ein lebendes Exemplar; ein Balg wird mit 100 Mk. bezahlt.

Daneben gibt es mehrere schöne echte Taubenarten, die von dem Samoaner früher mit Locktauben und Netzen gefangen wurden. Heutzutage zieht er den Schrotschuß vor.

Auf den Lichtungen der Wälder gewahrt man Trupps hochbeiniger Sultanshühner, um die Blumen und Büsche der Gärten spielen winzig kleine, zierlich bunte Honigsauger, in den Wipfeln flattern Stare, Fliegenschnäpper, Würger und Stelzvögel, Reiher und Taucher fischen auf dem Ebbestrande. Ein kleiner Papagei erscheint, wenigstens vorübergehend, auf der Insel. Sehr reich ist natürlich die internationale Gesellschaft der Seevögel, unter denen besonders schön der langgeschwänzte Tropikvogel auffällt. Wie weiße

Abb. 33. Der Siwa-Tanz. (Zu Seite 42.)

Abb. 34. Samoanisches Mädchen mit Kawaschüssel und Trinkschale. (Zu Seite 45.)

Schneeflecke sieht man sie hoch oben an den Berggehängen schweben, wenn sie frühmorgens ihren Rastplatz verlassen. Giftige Schlangen gibt es in Samoa nicht und hoffentlich unterbleibt der Zufall, der bei dem gegenwärtig so gesteigerten Verkehr ein solches Reptil einführen könnte, denn Gelegenheit zur reichen Entfaltung würde diese Tierart in den Urwäldern wohl haben. Einige ungefährliche Arten kommen vor.

An Eidechsen finden wir besonders den kleinen Gecko, der mit seinen Klebfüßen an den Wänden und Decken des Hausinnern umherhuscht und als Moskitovertilger hier wie überall ein gern gesehener Gast ist. Außerdem findet sich noch die schwarze Eidechse „Pili“, die bei den Samoanern, mythologischer Vorstellungen halber, göttliche Verehrung genießt. Sie gilt als Sohn des obersten Gottes Tangaloalangi und des Regenbogens und ist als Genius von Haus und Herd ein Schützer in mancherlei Not und Gefahr.

Auch die Insektenfauna Samoas ist wenig artenreich. Es gibt zahlreiche und schöne Schmetterlinge, dagegen nur wenige Käfer. Beide Tiergruppen sind noch wenig untersucht.

Unerfreulich bemerkbar machen sich die in einer großen Anzahl von Arten vertretenen Ameisen. Ein besonderer Leckerbissen der Samoaner sind fast fingerdicke Regenwürmer, die sie in der Mitte durchbrechen und dann aussaugen.

In den Flüssen gibt es nur wenig Fische; ungemein reich daran aber ist das Meer. Auch der menschenfressende Hai kommt an den Küsten außerhalb der Riffe vor und wird gelegentlich unvorsichtig Badenden gefährlich. Unendlich größer aber ist der Segen, den das Meer den geschickten Fischern der Samoa-Inseln spendet. Ganz besonders reich sind die unterseeischen bunten Wälder des Korallenriffs an unübersehbar vielgestaltigen Gebilden. „Es ist als ob die Schöpfung ihre schönsten Farben und kühnsten Formen hätte vor dem menschlichen Auge verbergen wollen; denn gerade in den verborgensten Tiefen und versteckt in Schlupfwinkel zwischen den bunten Korallen lauern ganz abenteuerliche Fischlein auf Beute, selbst geschützt gegen das Auge ihrer Feinde durch Anpassung in Form und Farbe an ihre bunte und gestaltenreiche Umgebung, wie elektrische Funken hin- und herschnellend. Plump und voller Ungeschick rollen und schieben sich dickbäuchige Holothurien mit ihrem gurkenförmigen, warzigen Körper, schleichen weiche Seeschlangen, halb schwimmend, halb kriechend, behäbige Seeigel und Seesterne und phlegmatische Seekrabben, bunte Hummern, Langusten 2c. in chaotischem Durcheinander zwischen den Korallen und Muscheln“ (Reinecke, a. a. O., S. 291).

Das sonderbarste Rätsel des Tierlebens bot aber bisher der mysteriöse Palolo-Wurm. Alljährlich einmal steigt das merkwürdige Lebewesen in ungeheuren Schwärmen an bestimmten Stellen des Korallenriffrandes aus der Tiefe an die Oberfläche des Meeres

Abb. 35. Samoanischer Dorfplatz. (Zu Seite 47.)

empor. Und zwar, so sonderbar dies klingt, es ist, namentlich durch die sorgfältigen Untersuchungen des Dr. Augustin Krämer festgestellt worden, daß dies immer genau an dem Tage erfolgt, wo das letzte Viertel nach dem Oktober- oder November-Vollmond eintritt. Es wählt das Tier denjenigen der beiden Termine, der gerade in dem betreffenden Jahr dem 30. Oktober, dem herbstlichen Zenithstand der Sonne, am nächsten fällt. Und auch hier noch drängt sich die Erscheinung auf die kurze Frist der Dämmerung zusammen. Die Eingeborenen, denen der Palolofang eines der größten Feste ist, fahren noch im Nachtdunkel mit unzähligen Kanus zu den bekannten Stellen auf dem Riff hinaus und harren dort dichtgedrängt und lautlos des wunderlichen Gastes, der das ganze Jahr über sonst unsichtbar bleibt. Die ersten Vorboten des Tageslichtes dämmern eben über der Lagune und enthüllen die Umrisse der Landschaft und der Kanus, da beginnt es sich auf der Oberfläche des Wassers zu regen. Kleine fadenartige Gebilde von gelbbrauner und blaugrüner Farbe, stricknadeldünn und 5—50 cm lang, steigen aus der Tiefe und schlängeln sich, im Dunkeln noch unsicher erkennbar, an der Oberfläche der See. Rasch wächst die Anzahl, und binnen kurzem ist das ganze Wasser von Millionen dieser lebendigen Gebilde dicht erfüllt. In fröhlicher Hast schöpfen nun die Insassen der Boote mit allen nur möglichen Geräten die lebende Masse in die Kähne hinein, denn sobald die Sonne aufgegangen, verschwinden die Geschöpfe wieder und werden erst im nächsten Jahr zur genau entsprechenden Stunde wieder gesehen.

Das an die Oberfläche tretende wurmförmige Gebilde des Palolo, der übrigens auch auf den Fidschi-Inseln vorkommt, ist kein selbständiges Tier, sondern es sind nur die abgestoßenen Fortpflanzungsorgane eines Bewohners der Höhlungen im Korallenriff, der zu einer mit seiner Vermehrung zusammenhängenden Zeit dieselben abstößt, während der Kopf im Riff zurückbleibt und sich neu ergänzt.

Von den neuerdings durch die Europäer systematisch eingeführten Nutztieren halten sich Pferde und Esel im Klima sehr gut. Das Reiten ist heute ein beliebter Sport geworden, den auch die Samoaner lieben. In den Pflanzungen der deutschen Handels-

und Plantagengesellschaft hält man große Rinderherden, hauptsächlich zu dem Zweck, den Boden der Kokoswälder durch Abweiden fortwährend klar zu halten. Sie ertragen den Aufenthalt ebenfalls frei ohne Stallung und Pflege vortrefflich; einige sind sogar verwildert und streifen als großes Jagdwild in den Bergen umher. Die Anzahl der in den Plantagen weidenden Rinder gibt die letzte Reichstagsdenkschrift auf über 2000 an.

* * *

So unendlich anmutig die Landschaft Samoas ist: dasjenige, was für den fremden Besucher den Hauptreiz der wunderbaren Inselwelt ausmacht und sein Herz für immer mit Sehnsucht erfüllt, was einen Hauch zarter Poesie darüber ausgießt, ist doch die Schönheit und Liebenswürdigkeit der Bevölkerung, die dort unter seinen Palmen wandelt. Körperliche und geistige Anmut, die Einfachheit eines Naturvolkes und der poetische Adel homerischer Menschen treten uns in ihnen entgegen. Ebenso wie die Kinder, mit denen man sie reiferen Kulturvölkern gegenüber gern vergleicht, ermangeln sie der Fehler nicht, allein ich kenne keinen unbefangenen, offenherzigen Beobachter, der sie in längerem Umgange nicht auch liebgewonnen hätte.

Die Samoaner, die nach der neuesten Zählung des deutschen Gouvernements im Sommer 1900 innerhalb des deutschen Besitzes sich auf 32815 Köpfe beliefen (wovon 16848 männlichen und 15967 weiblichen Geschlechts waren), stellen mit am reinsten den Typus der polynesischen Rasse dar. Ja, es herrscht vielfach die Anschauung, daß Samoa das Zentrum war, von dem die polynesische Bevölkerung nach den übrigen Inseln ausgewandert ist. Unzweifelhafte Klarheit wird sich bei dem Mangel einer schriftlichen Aufzeichnung wohl nie gewinnen lassen. Die eigene Tradition der Samoaner, der neuerdings Augustin Krämer mit der größten Sorgfalt nachgegangen ist, gibt weder über jene Völkerwanderungen von Samoa aus noch über die Einwanderung der Polynesier nach diesen Inseln Auskunft. Sie gestattet nicht, die Geschichte des Volkes mehr als 500—600 Jahre rückwärts zu verfolgen. Krämer nimmt an, daß die Einwanderung sicher schon beträchtlich vor dem Jahre 1000 n. Chr. erfolgt sein muß. Um den Beginn ihrer eigenen historischen Erinnerungen sitzen die Samoaner daher sichtlich schon lange Zeit in dem Archipel, und nur von vorübergehenden kriegerischen Berührungen mit einigen Nachbarinseln ist in der Folge die Rede, insbesondere mit den nahen Tonganern, denen die Samoaner körperlich am nächsten stehen, und mit den Bewohnern der Fidschi-Inseln, die der melanesischen Rasse zugehören. Blutmischungen mit beiden, die den eigentlichen samoanischen Typus etwas modifizieren, sind, wenn auch vereinzelt, in Samoa noch heute zu beobachten. Die Mischungen mit Tonganern zeichnen sich oft durch besondere Schönheit des polynesischen Typus aus (Abb. 26).

Neben den Tonganern gelten die Samoaner als die wohlgebildetsten unter den polynesischen Völkern. Sie sind auch nach unseren Schönheitsbegriffen höchst wohlgefällig gebildet. Nicht gerade immer die Gesichter, wohl aber Körperwuchs und Haltung. Berühmt und von allen Reisenden begeistert gepriesen ist die Schönheit der Frau.

Abb. 36. Ein im Bau befindliches samoanisches Rundhaus.
(Zu Seite 47.)

Allein vom rein ästhetischen Standpunkt sind die Männer mindestens ebenso schön. Es sind hochgewachsene, oft das Durchschnittsmaß des Europäers erheblich überragende Erscheinungen von schlankem, kraftvollem Wuchs und prangender Gliederfülle. Das vornehme Rostbraun oder hellrötliche Braun der Haut gibt den mit würdevoll gelassenen Bewegungen dahinwandelnden Gestalten das Gepräge lebendig gewordener antiker Bildwerke (Abb. 27). Das Haar ist schwarz und schlicht, das Auge dunkel und voll Leben, die Backenknochen stehen etwas hervor, die Nase ist kurz und breit; nicht die Höhe und Schärfe des Nasenrückens gilt, wie bei uns, als Schönheit, sondern die Plattheit, der infolgedessen im Kindheitsalter gelegentlich nachgeholfen werden soll. Die Frauen sind kleiner, aber von wohlproportioniertem Bau und in der Jugend oft von überraschendem Reiz (Abb. 28 und 29). Beiden Geschlechtern kommt zugute, daß ihr eingeborener Stolz sie bis heute noch ihre wunderbar kleidsame, den natürlichen Wuchs nirgends einengende Tracht hat beibehalten lassen, und daß die Gewohnheit, sich wohlanständig in Haltung und Gebärden zu geben, im Laufe der Generationen den Körper gleichsam mit natürlicher Anmut durchtränkt hat. Nie hat sich ein Samoaner bisher, wie auf den meisten anderen Inseln, zu der widerlichen Sitte europäischer Hosen und Stiefel herbeigelassen. Nur wenige, namentlich ältere Männer sieht man den Oberkörper mit einer Jacke bedecken, sonst tragen sie nur das kunstreich und geschmackvoll geknüpfte Lawa-Lawa, das Hüfttuch, das vom Gürtel bis nahe an das Knie den Körper bekleidet. Dasselbe tun die Frauen. Die ursprüngliche Hüftenbekleidung aus Blättern oder geflochtenen Matten weicht mehr und mehr den europäischen Kattunen.

Abb. 37. *Inneres eines Langhauses. (Zu Seite 47.)

Abb. 38. *Das „Faletele“ in Matautu auf Sawaii. (Zu Seite 49.)

Nur in der Umgegend der Hauptstadt Apia haben sich die Frauen daran gewöhnt, einen langen hemdartigen, den ganzen Körper lose umgebenden Rock zu tragen, und beim Gottesdienst in der Kirche tragen sie europäische Damenhüte der billigsten und schauderhaftesten Art. Sonst besteht der Schmuck der Frau vorwiegend aus natürlichen Blumen und Früchten, die sie mit wunderbar poetischem Geschmack um das Haupt, um den Hals, den Gürtel, Arme und selbst Füße zu winden versteht.

Die Samoaner sind eine ungewöhnlich liebenswürdige Nation von heiterem, fröhlichem Grundzug, hochentwickelter Gastlichkeit und vielfach ritterlicher Gesinnung. Daß daneben auch Züge eines naiven Egoismus und gelegentlich aufflammender Grausamkeit zu erkennen sind, darf, wie bemerkt, bei einem der Natur der Kinder nahestehenden Naturvolke nicht auffallen, und daß ein kriegerischer Zug in ihnen lebt, wie sie durch die vielen und hartnäckigen Parteikämpfe der letzten Jahrzehnte besonders gezeigt haben, wird der Angehörige einer kriegstüchtigen Nation eher als ein Lob, denn als einen Tadel ansehen (Abb. 30). Ihre geistige Beweglichkeit, ihr natürlicher, bildungsfähiger Verstand erheben sie weit über das Niveau der Völker, die unsere melanesische Kolonie bewohnen. Die zahlreichen, von dort eingeführten Arbeiter auf den samoanischen Plantagen ermöglichen den unmittelbaren Vergleich. Die Samoaner selbst betrachten diese durchaus als eine ganz untergeordnete Menschenart, während sie gegenüber den Weißen ein Gefühl der Unterordnung kaum empfinden, und der vorurteilslose Reisende kommt sehr rasch dazu, sie selbst in Bezug auf geistige Verwandtschaft weit mehr auf die weiße als auf die schwarze Seite zu stellen.

Besonders ausgebildet sind bei ihnen, ähnlich wie bei den Griechen der Heroenzeit, die fein abgestuften Formen des gesellschaftlichen Verkehrs. Ein ausgebildetes Standesbewußtsein gliedert die Gesellschaft in Klassen verschiedener Vornehmheit. Der Adel tritt aber weniger durch irgend welchen äußeren Prunk als durch die Würde der eigenen Haltung und durch die ehrerbietigen Umgangsformen hervor, mit denen man ihm begegnet. Es gibt eine ganz besondere Sprechweise, die im Verkehr mit Vornehmen gebraucht werden muß. Sorgfältig ist bei Versammlungen die Wahl der Ehrenplätze, die Reihenfolge des Kawatrunks, die Titulatur u. dergl. abgewogen. Manches widerspricht dabei unseren eigenen Sitten. So ist es z. B. ungehörig, im Beisein eines Vornehmen zu stehen; man muß sich im Gegenteil niedersetzen.

Eine sehr bezeichnende und ungemein anmutige Sitte, die zugleich vielsagend für die Stellung der Frau in Samao ist, besteht darin, daß jede größere Dorfschaft eine sogenannte Ehrenjungfrau, Taupo genannt, besitzt. Dies pflegt die jugendliche, möglichst anmutige Tochter eines vornehmen Häuptlings zu sein, die früh sorgfältig für ihre

Aufgabe erzogen wird. Sie hat gleichsam die öffentlichen Honneurs ihrer Dorfschaft zu machen. Wenn ein vornehmer Fremdling kommt, so hat sie ihn zu empfangen, in das Gemeindehaus oder Faletele, ein öffentlichen Zwecken, Versammlungen, Festen u. dergl. dienendes Gebäude zu führen, dort zu unterhalten und zu bewirten. Bei großen Festlichkeiten bereitet sie die Kawa, macht die Prima ballerina bei dem nationalen Siwatanz, trägt bei besonderen Feierlichkeiten den kostbaren, von Geschlecht zu Geschlecht vererbten Kopfschmuck aus Menschenhaaren, Muscheln und kleinen Spiegeln u. dergl. (Abb. 31 und 32). Mit der hohen Ehrenstellung, die sie genießt und sie von aller schweren Arbeit entbindet — die Haut einer Taupo pflegt deshalb lichter zu bleiben und die Hände feiner als bei den übrigen Mädchen — ist die Verpflichtung verbunden, ihre Jungfräulichkeit bis zum Tage der Verheiratung, und damit die Aufgabe der Tauposchaft, zu bewahren. Ein paar ältere Ehrendamen, die unausgesetzt an ihrer Seite weilen müssen, unterstützen sie in dieser, bei den samoanischen Sitten nicht ganz leichten Pflicht.

Die Stellung der Frau überhaupt ist bei den Samoanern im allgemeinen sehr viel angenehmer, als wir bei Naturvölkern zu sehen gewohnt sind. Die schwere Arbeit, soweit von solcher in Samoa überhaupt die Rede sein kann, selbst das Kochen und Backen, übernehmen die Männer. Sie beschäftigen sich mit der Bereitung des Tapazeuges aus Baumbast, mit Flechten der Matten und der Herstellung kleinerer Hausgeräte, mit der Wartung der Kinder und leichterer Feldarbeit. Den vornehmeren Frauen wird oft mit außerordentlicher Ehrfurcht entgegengetreten. Im allgemeinen hat man den Eindruck, als ob der ästhetisch feinfühlige Samoaner vor allem die Schönheit der Frau schätzt und sie als den Schmuck seines Daseins betrachtet. Wie oft hat man den anmutigen Anblick, vom Ufer aus die großen Boote der Eingeborenen auf ihren Spazierreisen vorüberfahren zu sehen. Dann rudern die braungliedrigen Männer kraftvoll nach dem Takte des Gesanges und im Vorderteil des Bootes sitzen die Frauen, wunderhübsch geschmückt mit Blumen und Blättern, ohne eine weitere Aufgabe als zu lachen und zu singen.

Ungemein beliebt und von unerschöpflichem Reiz ist der Siwa genannte Volkstanz, der den Mädchen von Jugend auf durch erfahrene Frauen eingeübt wird (Abb. 33). Es ist schwer, den Zauber dieses Tanzes richtig wiederzugeben. Die ganze Umgebung, der Palmenstrand, das fernher rauschende Meer, die Gesamtstimmung, die der Reisende in diesem fernen Inselparadiese genießt, gehören zu dem unmittelbaren Bilde hinzu. Der Tanz besteht aus einer Folge von ballettartigen Touren, die von den jüngsten und schönsten Mädchen gemeinsam nach einem überaus exakten Drill ausgeführt werden. Sie beginnen mit graziösen Bewegungen der Hände, dann des Oberkörpers in sitzender Stellung, zuletzt der ganzen Person, und gipfeln in außerordentlich reizenden und immer im Tanzrhythmus ausgeführten pantomimischen Darstellungen verschiedener kleiner humorvoll aufgefaßter Züge aus dem Leben des Völkchens. Da kommt der Wanderer in ein Dorf, kläffende Hunde fahren ihn an und unter drolligen Bewegungen ängstigt er sich davor. Da soll ein Fisch gefangen werden; mit pantomimisch angedeutetem Netze ziehen die Fischer aus, um ihn ins Garn zu treiben, aber ein mißgünstiger Sturmwind — eine mit vollen Backen blasende Samoanerin stellt ihn dar — warnt und vertreibt den Fisch, bis es endlich mit allerhand Listen doch gelingt, ihn zu fangen. Da stolzieren Hahn und Henne tänzelnd herum — der Vogelschweif wird dabei durch lange, hinten in den Gürtel gesteckte Palmenwedel markiert — und führen das alte Spiel des Hofmachens und Kokettierens auf u. s. w. Ich erinnere mich einer überaus reizenden Szene, welche die Anmut und die gesellschaftliche Position der Samoanerinnen gut beleuchtete. Auf der Inspektionsreise, die der Gouverneur mit dem „Cormoran“ und „Seeadler“ um die Inseln ausführte, waren wir auch nach Falealili, an der Südküste von Upolu, gekommen und hatten dort am Nachmittag eine große Ratsversammlung, ein Fono, abgehalten. Am Abend dieses Tages schickten uns die Väter von Falealili eine Schar der hübschesten Mädchen des Dorfes an Bord, die uns einen Siwatanz vorzuführen hatten. Von ihren Vettern und Brüdern wurden die reizend mit Blumen geschmückten Dirnen über das dunkle Wasser herüber gerudert, mit freiem, gefälligem Anstand betraten sie das Deck des Kriegsschiffes und führten nun dort bei elektrischem Licht ihren Tanz auf, lächelnd über den Beifall,

Abb. 39. Mataafa und Häuptlinge seines Anhangs. (Zu Seite 51.)

Abb. 40. Denkmal der am 18. Dezember 1888 im Kampf gegen die Samoaner gefallenen deutschen Marinesoldaten bei Apia. (Zu Seite 53.)

den wir ihnen reichlich spendeten. Den Schluß des Siwa bezeichneten sie damit, daß die Vortänzerin aus der Reihe heraustrat, mit anmutigen Bewegungen ihre Blumenkette vom Nacken nahm und sie dem Gouverneur umhängte. Dasselbe taten dann die übrigen mit uns anderen Gästen. Während der Zeit hatten die Knaben und jungen Männer bescheiden und heiter lächelnd zu den Triumphen ihrer weiblichen Genossen sich im Hintergrunde gehalten, ganz so, wie wohlerzogene Knaben aus gutem Hause bei uns in der Gesellschaft ihren Schwestern den Vorrang lassen. Bei besonders feierlichen Gelegenheiten führen übrigens auch Männer den Siwa aus.

Was die Frage der Moralität anlangt, so muß ein Einsichtiger natürlich andere Maßstäbe anlegen, als sie unser Moralkodex bietet. Die Dieberei, die von Südsee-Inseln berichtet wird, habe ich in Samoa nicht kennen gelernt. Wenn der Samoaner gelegentlich Kokosnüsse aus den benachbarten europäischen Plantagen nimmt, so ist zu berücksichtigen, daß in Bezug auf diese Naturerzeugnisse sein Eigentumsbegriff durchaus nicht so ausgebildet ist wie bei uns. Im Verkehr der Geschlechter herrscht unzweifelhaft eine weit größere Unbefangenheit als bei uns. Die Mädchen können wie überall in der Südsee in der Regel vor ihrer Verheiratung tun und lassen was sie wollen und die Ehen sind immer leicht lösbar. Doch besteht bei den Samoanern durchaus nicht jene Zügellosigkeit im Verkehr mit Fremden, wie sie beispielsweise von den Freundschafts-Inseln durch die Berichte der ersten Südseefahrer so berühmt geworden ist und wie wir sie heute auf den Karolinen-Inseln finden.

Etwas ungemein Anziehendes ist die musikalische Befähigung des Volkes. Diese, sowie die Volksliederdichtung sind noch im ganzen Volke lebendig. Fortwährend entstehen neue Lieder und Melodien und wandern von Mund zu Mund, Liebeslieder, Schlachtgesänge, Erzählungen denkwürdiger Ereignisse aus der letzten Vergangenheit der Kämpfe der europäischen Mächte um die Insel u. dergl. Ganz besonders groß ist die Fähigkeit, mehrstimmig, meist in dreistimmigen Harmonien, zu singen. In der Regel führt eine helle Stimme die reich figurierte Hauptmelodie, während die übrigen in rhythmisch wohlgefügtem Chor begleiten.

Das Nationalgetränk Samoas ist die auch sonst weit in der Südsee verbreitete Kawa oder Awa, wie der Samoaner meist sagt. Wenn der Reisende nach langer Wanderung als Gastfreund in eine Hütte kommt, so ist die Kawa das erste, was ihm zum Willkommen vorgesetzt wird, und findet irgendwo ein festliches Gelage oder eine feierliche Ratsversammlung statt, so ist die Bereitung oder der gemeinsame Trank der Kawa das erste und Unerläßliche, was dazu gehört. Oft ist die Herstellung dieses Getränks beschrieben. Die Kawa wird nicht aufbewahrt, sondern stets frisch vor den Augen derjenigen, die sie genießen sollen, zubereitet, und wenn irgend etwas an die feierlich durchgearbeiteten Formen des Homerischen Zeitalters erinnert, so sind es die altgeheiligten Regeln, nach denen sie hergestellt und getrunken wird. Das Gefäß für die Zubereitung ist die Kawabowle, eine flache Holzschüssel mit in älterer Zeit vier, in neuer Zeit sehr viel mehr Füßen, die aus einem Stück geschnitzt sein muß. Da hinreichend dicke und gesunde Stämme dazu selten sind, so ist eine solche Kawabowle ein kostbarer Besitz (Abb. 34). Die Kawabowle wird auf den Mattenboden der Hütte gestellt, und die hübschesten Mädchen des Dorfes setzen sich im Angesicht der Gäste um sie herum. Der Hauptbestandteil der Kawa ist die Wurzel des Kawastrauchs (piper methysticum), die bei einer Gasterei selbst mitzubringen eine besondere Höflichkeit des Gastfreundes ist. Von dieser Wurzel beißen nun die jungen Damen, nachdem sie sich sorgfältig Mund und Zähne gereinigt haben, kleine Stücke ab und zerkauen sie zu kleinen, grauen Klümpchen, die sie dann in die Kawabowle spucken. Mit frischem Wasser wird dieser Brei angerührt und dann mit höchsteigenen Händen von der Ehrenjungfrau durch ein Bündel von Bastfasern von allen festen Bestandteilen gereinigt. Sie zieht es mehrmals durch die Flüssigkeit hindurch und schwenkt dann mit einer besonderen, eigentümlich eleganten Handbewegung das Bündel über ihre Schulter hinweg aus. Bei hochfeierlichen Staatsaktionen übernehmen junge Männer wie den Siwa, so auch die Bereitung der Kawa. Beides verliert dadurch vielleicht an Anmut, gewinnt aber an Würde. Im Verkehr mit Europäern ist neuerdings meist ein mechanisches Zerkleinern der Wurzel durch Steine an die Stelle des mündlichen Verfahrens getreten. Sobald die Kawa fertig ist, klatscht die Bereiterin, und auf ihr Zeichen auch die übrigen Mitglieder der Versammlung, in die Hände; ein junges Mädchen erhebt sich, ergreift einen aus einer geglätteten halben Kokosschale geformten Becher, den die Ehrenjungfrau in der Weise mit Kawa füllt, daß sie das vollgesogene Faserbündel darüber hält und ablaufen läßt. Mit ganz bestimmten, althergebrachten, schönlinigen Armbewegungen überbringt jetzt das Mädchen die Schale dem Vornehmsten oder Geehrtesten in der Gesellschaft, dessen Namen ein Ausrufer feierlich verkündigt. Ehe dieser sie an die Lippen setzt, wendet er sich nach hinten und schüttet

Abb. 41. Palmenpflanzung auf Sawaii. (Zu Seite 54.)

eine kleine Libation, ganz, wie es die Griechen taten, außerhalb der Hütte auf den Boden. Dann ruft er den Gruß Manuia!, der von der Versammlung mit dem Worte Soifua beantwortet wird, trinkt die Schale leer und gibt sie nicht der Botin zurück, sondern schleudert sie mitten in die Hütte mit einer leichten Drehung, so daß sie wie ein Kreisel auf ihrer Spitze tanzt. Von hier erhebt ihn die Schenkin, läßt ihn von neuem füllen, und in der gleichen Weise erhalten nunmehr die übrigen ihren Trunk. Mit großem Takt findet dabei der Ausrufer die Stufenleiter der Würde unter den Anwesenden heraus.

Die Kawa sieht aus wie ein graues Seifenwasser und mit Recht ist ihr erster Geschmack damit verglichen worden. Allein ich habe noch niemand kennen gelernt, der nicht im Laufe kurzer Zeit dieses Getränk lieb gewonnen hätte. Es hat zweifellos etwas ungemein Durststillendes und Erfrischendes. Eine berauschende Wirkung auf das Gehirn ist nicht wahrzunehmen, doch soll ein reichlicherer Genuß einen vorübergehenden lähmenden Einfluß auf die Beine ausüben.

Merkwürdig ist, daß sich zu dieser alle Lebensformen durchtränkenden Ästhetik doch nur eine bescheidene Entwickelung der bildenden Künste gesellt. In dieser Hinsicht stehen die Samoaner nicht nur hinter ihren nahen Stammesverwandten, den Maori, weit zurück, sondern selbst hinter sehr vielen der so viel niedriger stehenden melanesischen Völkerstämme.

Ungemein spärlich ist der künstliche Körperschmuck, mit dem sich die Samoaner zieren. In Häuptlingsfamilien kommen Halsketten von kostbarem Narwal vor (Abb. 27). Auch bunte Muscheln werden zu Kettchen und Kopfbändern benutzt. Sonst aber trägt Mann und Frau fast ausschließlich frische Blätter, Blumen oder Früchte von bunter Farbe und starkem Duft. Bei großen Tänzen und Festen spielt eine besondere Rolle die Tuinga, die einzige Erinnerung an die großartigen und bizarren Kopfhelme oder Tanzmasken, die wir in den melanesischen Gebieten in so reichem Maßstabe kennen lernen. Sie besteht aus einem festen Hut mit einem Stirngürtel aus Muscheln, darüber einem dicken Büschel aus Menschenhaaren, aus dem drei Spieße hervorschauen, mit geschliffenen Perlmuscheln und bunten Papageifedern geschmückt. Neuerdings ersetzen kleine Spiegel die Muscheln (Abb. 27 und 29).

Die höchste technische Leistung der Samoaner ist der Hausbau, der erstaunlich solide und dabei geschmackvoll ausgeführt wird. Das samoanische Haus unterscheidet sich von den übrigen polynesischen Häusern durch eine Abrundung seiner Ecken. Es gibt zwei Hausformen: das Rundhaus und das Langhaus. Beide Typen werden durch

Abb. 42. Strand und Hauptstraße von Apia. (Zu Seite 54.)

Abb. 43. Die Halbinsel Mulinuu bei Apia. (Zu Seite 55.)

die beigefügten Abbildungen (Abb. 35 u. ff.) am besten geschildert. Das Wesentlichste an dem Hause ist das Dach, da der Schutz gegen die gewaltigen Tropenregen die Hauptaufgabe ist. Es wird aus Bambusrippen mit Zuckerrohrbedeckung höchst kunstvoll und ungemein widerstandsfähig gegen die Stürme hergestellt (Abb. 36). Der Raum zwischen dem Sparrenwerk unter der Wölbung dient als Vorratskammer und Aufbewahrungsort der häuslichen Schätze. Zwischen den offenen Pfosten können Palmblattjalousien heruntergelassen werden. Der Boden des Hauses ist eine etwas erhöhte Plattform aus groben Steinen, auf welche nacheinander feine Rollkiesel gestreut sind, die oben mit Matten belegt eine weiche, dem Körper sich anschmiegende Unterlage geben (Abb. 37). Eine Feuerstelle ist im Innern mit Erde ausgelegt. Bei Festlichkeiten werden Stützbalken und Sparren reizvoll mit Blumenguirlanden geschmückt.

Auch auf ihre Boote, die nach Südseesitte mit Ausliegern versehen sind (siehe ein solches auf Abb. 23), verwenden sie Sorgfalt, wenngleich sie hier nicht entfernt etwas den wunderbaren Schnitzarbeiten der Maori Vergleichbares geleistet haben. Auch tritt jetzt das nach europäischer Sitte gebaute Kielboot mehr und mehr an die Stelle der alten Form. Die altberühmten Kriegskanus mit ihren großen Plattformen, auf denen die Kämpfenden standen, sind abgekommen; nur wenig Exemplare, die der Reisende als eine Merkwürdigkeit aufsucht, sind noch vorhanden.

Eine große Rolle bei den Samoanern spielen die feinen Matten, die aus Pandanusbast geflochten werden. Die feinsten von ihnen erfordern oft jahrzehntelange Arbeit kunstgeübter Frauen. Teils haben sie den Charakter eines Großgeldes von bestimmtem Preis nach Art des Mühlsteingeldes von Jap (Yap oder Uap), teils einen unschätzbaren Liebhaberwert, wenn sie in Händen berühmter Könige und Häuptlinge waren. Die kostbaren „Staatsmatten" besitzen feststehende Namen und Traditionen über ihre Entstehung und ihre Schicksale, die von Geschlecht zu Geschlecht fortgepflanzt werden und sich allmählich mit sagenhaften Zügen versetzen. Augustin Krämer teilt einige solcher Mattenlegenden mit (Krämer, Die Samoa-Inseln, Bd. I, S. 28 ff.). Besondere Schönheit zeichnet diese Matten für unsere Begriffe nicht aus; für den Samoaner aber sind sie der vornehmste Ausdruck des Wohlstandes. Titel und Würden sind an den Besitz gewisser alter Stücke geknüpft, und das höchste Ehrengeschenk, das einem vornehmen Fremden erwiesen werden kann, ist eine solche Matte.

Abb. 44. Das neue Wohnhaus des Gouverneurs bei Apia. (Zu Seite 55.)

Ein Hang, der wirtschaftlich für den Samoaner von großer Bedeutung ist, und nach unseren Begriffen ihrem Wohlstande sehr im Wege steht, sind die gemeinsamen Besuchsreisen ganzer Dörfer bei ihren Nachbarn. Eine solche Fahrt wird Malanga genannt und geht unter ungeheurer Vergnüglichkeit vor sich. Singend und schön geschmückt rudert man zu den Gastfreunden und zehrt unter großen Schmausereien und festlichen Tänzen alles auf, was diese Dorfschaft besitzt, und wenn dann die Vergnügungslust noch nicht gesättigt ist, dann zieht die ganze Gesellschaft gemeinsam zur nächsten Dorfschaft und macht es dort ebenso.

Die Samoaner sind heute ausnahmslos Christen, soweit man durch die Wassertaufe und sonntägliches Beten und Singen mit Jacken und Strohhüten in einer Missionskirche Christ wird. Den Hauptteil an der Pflege dieser Eigenschaften haben die englische London Mission und die amerikanischen Wesleyaner; eine kleine Gemeinde nur besitzen die französischen Maristen, die seit 1845 neben den beiden protestantischen Missionsgesellschaften zu wirken begannen. Haben die Missionare zum Glück auf die alten Sitten ihren zerstörenden Einfluß nur zum Teil ausüben können, so ist im Gedächtnis des heutigen Volkes von den alten mythologischen Anschauungen doch nur noch Weniges und Unklares zurückgeblieben. Immerhin erkennen wir, daß die Mythologie der Samoaner ganz und gar in ihrer Grundlage der der übrigen polynesischen Völker entspricht. Tangaloa, die höchste Gottheit, in der sich die Ahnung eines Allmächtigen und Ewigen ausspricht, trägt auf den Hawaii-Inseln denselben Namen und wenig verändert tritt er auf den übrigen polynesischen Inseln auf. Er hat die Erde und alles, was auf ihr ist, aus dem Nichts geschaffen. Neben ihm besteht eine Anzahl Götter und Genien, die ähnlich die Kräfte und Erscheinungen der Natur beleben, wie wir es bei den Griechen kennen.

Schwer verständlich und kaum greifbar sind die Anschauungen, auf denen sich die einheimischen politischen Verhältnisse der Samoaner aufbauen. Eine Menge von Titeln und Würden tritt uns entgegen, die wir nur schwer mit ähnlichen bei uns in Vergleich stellen können und mit denen man selten einen greifbaren Machtbereich zu verbinden vermag. Jedenfalls ist der Unterschied zwischen vornehmen Geschlechtern und gemeinen tief ins Volksbewußtsein eingewurzelt, daß es sogar, wie wir sahen, für die mythologische Vorstellung zwei verschiedene Unterwelten gibt, in denen diese Stände getrennt leben, beide ähnlichen Beschäftigungen hingegeben, wie bei Lebzeiten.

Die eigentliche Grundlage der ganzen staatlichen Gliederung ist die Familie, eine Art Clanswesen, bei denen nicht immer der Stammvater oder der Älteste des Geschlechtes, sondern der Tüchtigste und Beliebteste der anerkannte Führer ist. Dieser ist der Träger des Familiennamens, und sein Titel ist Tulafale. Da dieser Titel bis zu einem gewissen Grade von der Zustimmung der Familienmitglieder abhängig ist, so liegt auch diesen ersten Stufen der samoanischen Verfassung als Fundament der ganz demokratische allgemeine Volkswille zu Grunde. Mehrere solche Familien bilden eine Dorfschaft, an deren Spitze der Tulafale einer besonders bevorrechteten Familie als Häuptling steht. Sein Titel ist Alii. Auch seine Würde ist erblich, besteht jedoch mehr in äußeren Formehren, als in wirklicher, von seiner Persönlichkeit unabhängiger Macht. Er ist an den Rat der Tulafale für alle öffentlichen Angelegenheiten gebunden. Eine große Rolle spielen deshalb die öffentlichen Ratsversammlungen, Fono genannt, die in dem Dorfhause, Faletele, stattfinden (Abb. 38). Unter langwierigen, mit feierlichen Formeln ausgestatteten Reden werden dort die öffentlichen Angelegenheiten durchgesprochen.

Die nächst höhere Stufe der politischen Gliederung ist ein Verband mehrerer Dörfer zu einem größeren Bezirk, dessen Vorsteher Tupu genannt wird und ähnlich an den Rat der unteren Glieder gebunden ist. Die obersten Stufen bilden dann die großen Distrikte, die anscheinend seit vielen hundert Jahren bestehen und einen Charakter haben, den man vielleicht mit den alten Herzogtümern des mittelalterlichen Deutschlands vergleichen kann. In Upolu zählt man drei solcher Herzogtümer von Osten nach Westen: Atua, Tuamasanga und Aana; in Sawaii deren fünf. Der Vorsteher eines Distrikts

Abb. 45. Kanal in den Ruinen von Nanmatal, Ponape.
Nach einer Aufnahme von Lt. Fleck. (Zu Seite 61.)

erhält den Titel Tui. Ganz in gleicher Weise wie bei den unteren Würden haben wohl gewisse Familien innerhalb eines Distrikts ein gewisses Vornehmheitsanrecht darauf, doch kann dieser Titel von den Volksangehörigen auch einem andern Manne, der sich eines besonderen Ansehens im Archipel erfreut, übertragen werden, und es ist immer vorgekommen, daß hervorragende Persönlichkeiten mehrere dieser Titel auf sich vereinigten. Vier davon, die von gewissen Familien in Atua, Tuamasanga und Aana vergeben werden, gelten als die höchsten. Hat ein Häuptling diese vier auf sich vereinigt, so nennt man ihn König von Samoa (Tupu o Samoa).

Selbst diese Würde ist aber eigentlich nichts anderes, als eine besondere Ehrenstellung; für bedeutsame Männer bietet sie natürlich auch die Gelegenheit, eben durch diese Persönlichkeit einen maßgebenden Einfluß auszuüben; an sich kann weder der Begriff eines absoluten noch eines konstitutionellen Königtums, wie es bei uns ist, damit verbunden werden. Erst die europäischen Einwirkungen der Missionare, denen naturgemäß daran lag, durch eine ihnen ergebene Person mit Leichtigkeit einen Einfluß über die ganze Insel auszuüben, haben darauf hingedrängt, diesem Könige eine den europäischen Ideen mehr entsprechende Macht zu verleihen. Die endlosen Parteikämpfe der letzten Jahrzehnte haben aber gezeigt, auf welche Schwierigkeiten das stieß. Während der letzten Jahre, wo die drei Großmächte, die Vereinigten Staaten, England und Deutschland um den Besitz von Samoa stritten, kämpften unter den Eingeborenen selbst zwei Parteien um die Oberherrschaft. Die eine war die sogenannte Malietoa-Partei, deren Oberhaupt, obwohl er nur einen Titel besaß, von den Engländern und Amerikanern als König durchgesetzt werden sollte. Die Gegenpartei hatte den Häuptling Mataafa auf den Schild erhoben, einen Mann, der, soweit das Gedenken der Samoaner zurückreicht, niemals von einem andern an Vornehmheit übertroffen worden ist, da er vier große

Abb. 46. Landschaft in Ponape. (Zu Seite 61.)

Abb. 47. *Männliche Tracht. Ponape. (Zu Seite 61.)

Titel auf sich vereinigte (Abb. 39). In diese Kämpfe können wir hier nicht genauer eintreten. Mataafa war zuletzt in gewissem Sinne von den Deutschen protegiert worden. Als nun der Streit um Samoa durch die deutsche Besitzergreifung beendigt wurde, erschien diese Entscheidung den Samoanern ganz naturgemäß in dem Lichte, als sei jetzt der Zeitpunkt gekommen, das rechtmäßige, von etwa sechs Siebenteln des Volkes vertretene Königtum Mataafas zu errichten. Zwar hatte die internationale Samoa-Kommission, da sie mit Recht als den Hauptgrund der endlosen Parteikämpfe der Eingeborenen die Königsfrage erkannte, beschlossen, daß das Königtum in Samoa ein für allemal abgeschafft sein sollte. Diese Verfügung hatten die führenden Häuptlinge auch durch ihre Unterschrift anerkannt. Allein die rechtliche Tragweite dieses Aktes war den Samoanern durchaus nicht in europäischem Sinne bewußt: er war für sie eine Tat der Gefälligkeit gegen die großen Herren aus Europa und Amerika, eine wirkliche Verbindlichkeit verstanden sie darunter nicht.

Mit Gewalt konnte sich das Gouvernement diesen Wünschen nicht widersetzen; denn abgesehen davon, daß Feindseligkeiten vermieden werden sollten, hätte ein Kampf unserer wenigen verfügbaren Streitkräfte mit den Tausenden wohlbewaffneter und im heimischen Buschkriege geübter Samoaner zu sicheren Niederlagen geführt. Andererseits verbot sich auch der Gedanke, Mataafa in der Stellung eines Vasallenkönigs zu lassen. In der eigentümlich schwankenden und fließenden Stellung des samoanischen Königtums hätten nur neue Keime zu unsicheren Zuständen gelegen. Mittelst dieses Typus Samoa zu regieren, war nicht durchführbar. Der Gouverneur berief sich deshalb auf die Abschaffung des Titels durch die Kommission und versuchte die Ansprüche der Mataafa-Partei durch die Schaffung eines neuen Titels „Le Alii Sili o Samoa" — was etwa der große Häuptling von Samoa heißt — vorerst zu befriedigen. Der Alii Sili Mataafa sollte der Vermittler der kaiserlichen, durch den Gouverneur erteilten Befehle an das samoanische Volk sein und in ihm die samoanische Selbstverwaltung sich gipfeln. Selbstverständlich nahm die Mataafa-Partei den neuen Titel nur für eine Umschreibung des alten Tupu-Titels, und es war klar, daß Mataafa selbst seinen Leuten gegenüber diese Rolle zu spielen versuchen würde. Die deutsche Regierung konnte zunächst den unliebsamen Konsequenzen dieser Auffassung nur durch diplomatische Beeinflussung vorbeugen, bis die wichtigste Vorbedingung eines schärferen Anziehens der deutschen Herrschaft erfüllt war, nämlich die Auslieferung der noch in den Händen der Samoaner befindlichen Waffen und Munitionsvorräte.

Wie bekannt, ist diese inzwischen vollzogen worden. Ein Erfolg, der dem deutschen Gouvernement als ein Beweis von besonderer Geschicklichkeit in der Behandlung der Eingeborenen angerechnet werden muß. So haben wir es jetzt unternehmen können, in einem Umfange, wie es bisher noch in keiner andern deutschen Kolonie gewagt wurde, die Eingeborenen zur Selbstverwaltung heranzuziehen. Der Gouverneur hat einen Eingeborenen-Rat eingerichtet, an dessen Spitze Mataafa mit dem erwähnten und charakterisierten Titel steht. Er bezieht ein Jahresgehalt von 3000 Mark und hat einen vom

Abb. 48. *Mädchen im Garten des Forts von Ponape. (Zu Seite 61.)

Kaiser ihm geschenkten Ehren- und Häuptlingswedel. Dieser Rat hat die untergeordneten Instanzen, die Distrikts-häuptlinge und eingeborenen Richter zu kontrollieren. Das Mittel, all diese Köpfe willfährig zu machen, ist die neu eingeführte Besoldung, und die Besoldung wieder wird durch eine Kopfsteuer, nach der ein jeder männliche Eingeborene einen Dollar zu zahlen hat, aufgebracht. Der Voranschlag von 8000 Dollars wurde dabei um 2473 überschritten. Da die Höhe des ihnen neuen Gehalts sich nach den Steuererträgen richtet, so sind diese Häuptlinge in ihrem naiven Egoismus eher bereit zu viel, als zu wenig Steuern aufzuerlegen. Allerlei andere kleine Mittel helfen die Eingeborenen zu bisher unbekannten gemeinnützigen Leistungen heranzuziehen. So erhält ein Häuptling für die Herstellung eines fahrbaren Weges einen Wagen zum Geschenk, und zwar einen um so größeren, je länger und besser der hergestellte Weg ist u. s. w.

* * *

Es erübrigt noch, das weiße Element auf den Samoa-Inseln näher ins Auge zu fassen. Wie überall in kolonialen Gebieten hat dabei der Berichterstatter, der sowohl ein wissenschaftliches und ästhetisches Interesse an der Erhaltung ursprünglicher Kultur, wie eine nationale Teilnahme an dem Aufschwung von Macht und Reichtum der eigenen Rasse empfindet, einen Zwiespalt in sich durchzukämpfen. Einerseits kann er nur mit schmerzlichem Bedauern beobachten, wie die europäische Zivilisation, einer vernichtenden Flutwelle gleich, alle kulturellen Besonderheiten auf dem Erdballe zu zerstören im Werke ist, andererseits kann er tüchtiger Arbeit der weißen Volksgenossen in diesen fremden Gegenden seine Hochachtung und Sympathie nicht versagen. Hier in Samoa kommt für die letztere Empfindung noch hinzu, daß wir Deutschen erst nach langen, die Welt lebhaft interessierenden Kämpfen in den Besitz der Insel gekommen sind, unter Umständen, die diese Entscheidung zu einem besonders glänzenden Ausdruck der Machtstellung werden ließen, welche sich Deutschland in der jüngsten Zeit über See errungen hatte.

Der erste Weiße, der sich in Samoa niederließ, war der englische Missionar Williams im Jahre 1830, wenn wir von einer vorübergehenden Brandschatzung der Inseln durch abenteuernde Banden entflohener Sträflinge absehen. Dem ersten Missionare folgten eine ganze Reihe anderer. Samoa wurde eine besondere Pflanzstätte der Südsee-Mission, die von hier farbige Prediger, der begabten Landesrasse entstammend, in die umliegende Inselwelt aussandte. Kleine Händler folgten, aber ein bedeutendes kaufmännisches Interesse erhielt Samoa erst von dem Augenblick an, wo die Hamburger Firma Godeffroy, wie oben erwähnt, sich hier niederließ und den Ort Apia zum Zentralpunkt ihrer großartigen Südsee-Unternehmungen machte. Seitdem blieb dieser der Hauptsitz der Weißen auf Samoa. Im Jahre 1880 wurde er durch Vertrag der drei um den Besitz der Inselgruppe rivalisierenden Mächte Großbritannien, Nordamerika, Deutschland mit dem herrschenden Könige als ein internationaler Distrikt proklamiert, unter einer staatlichen Munizipalität, an deren Spitze die drei Konsuln standen. Die samoanischen Parteikämpfe dauerten während der nächsten Zeit fort; bald die eine, bald die andere Großmacht wurde in dieselben verwickelt, und jede von ihnen hat dort das Blut ihrer Landeskinder vergießen müssen (Abb. 40). Den unerträglichen Zuständen wurde endlich durch die Samoa-Akte des Jahres 1900 ein Ende gemacht, welche die Hauptinseln Deutschland, den Rest den Vereinigten Staaten zusprachen.

Gegenwärtig leben in Samoa rund 400 Weiße, der größte Teil davon in Apia, nur wenige Händler und Pflanzer an der Südküste Upolus, und in Sawaii bei Matautu und Salailua. Diese Weißen sind erstens die Beamten der Regierung, zweitens Kaufleute, drittens Handwerker. Unter den Kaufleuten spielen die erste Rolle die Angestellten der Deutschen Handels- und Plantagengesellschaft der Südsee, der Nachfolgerin des Hauses Godeffroy, wenngleich ihr Besitz nur einen Teil des früher Godeffroyschen ausmacht. Diese Gesellschaft nimmt noch immer eine derartig beherrschende Stellung ein, daß sie schlechtweg „die Firma“ genannt wird. Sie besitzt auf den Inseln 32000 ha Land, wovon ca. 3000 erst unter Kultur genommen sind. Einer weiteren Ausdehnung des Betriebes steht vor allen Dingen der Arbeitermangel im Wege. Der Samoaner, wie bekannt, läßt sich zur Dienstarbeit in den Plantagen der Weißen nicht herbei, und so ist man angewiesen auf die Anwerbung melanesischer Arbeiter aus dem Bismarck-Archipel und den Salomo-Inseln, einen Bezug, der seine Grenzen hat, da die Anwerbung überhaupt schwierig ist, und die eigenen Bedürfnisse an Arbeitskräften in den melanesischen Pflanzungen fortwährend steigen. Neuerdings hat man sich zu dem verhängnisvollen Entschluß verstanden, chinesische Kulis einzuführen. Jeder, der die Samoaner liebgewonnen hat und den durch keinerlei Mittel wirksam zu verhindernden unheilvollen Einfluß der freiwilligen Einimpfung dieses Giftes an anderen Gestaden des Stillen Meeres kennen gelernt hat, kann das nur tief beklagen.

Auf den Pflanzungen der Firma werden vor allem Kokosnüsse gewonnen. Rund 2800 ha sind mit Kokospalmen bestellt, die auf drei verschiedenen Pflanzungen verteilt sind. Die größte ist die Pflanzung Mulifanua am Westende von Upolu (Abb. 20), die beiden anderen heißen Vailele und Vaitele und liegen in der Nachbarschaft von Apia. Neben den Kokosnüssen wird auch Kaffee, Kakao, Banane, Brotfrucht, Taro — die letzteren Dinge zum Unterhalt der melanesischen Arbeiter — angebaut. Daneben werden Rinder, Pferde und Esel gehalten. Der Gesamtwert dieser Anlagen wurde 1900 auf

Abb. 49. Straße in Santiago, Ponape. Nach einer Aufnahme von Dr. Hansen. (Zu Seite 63.)

rund $2^1/_2$ Millionen Mark berechnet, der Ertrag der Kokosplantagen für das Jahr vorher auf 2150000 kg Kopra mit einem Handelswert von rund 645000 Mark.

Außer den selbstgewonnenen Kokosnüssen verarbeitet die Gesellschaft auch Nüsse, welche von den Eingeborenen in ihren einfacher und regelloser gehaltenen Pflanzungen (Abb. 41) erzeugt und durch kleine von der Firma an den Küsten Samoas stationierte Händler von ihnen eingesammelt werden. Diese verkaufen zugleich allerlei europäische Waren, welche die Firma einführt. Durch eigene Schuner steht die letztere mit ihren Stationen in Verbindung.

Neben der Deutschen Handels- und Plantagengesellschaft sind auch noch einige kleinere Unternehmungen ähnlicher Art in Samoa vertreten, die, wie sie, ihre Zentrale in Apia haben.

Das Leben der Weißen in Samoa wäre ein ungemein anziehendes Kapitel, allein der zur Verfügung stehende Raum verbietet uns näher darauf einzugehen.

Die „Stadt“ Apia auf der Nordseite von Upolu zählt etwa 1000 Einwohner, darunter gegen 300 Weiße. Vom Apiaberg überragt, unter Kokospalmenwipfeln um die schöngeschwungene Meeresbucht herumgruppiert, macht sie von außen einen ungemein reizenden Eindruck (Abb. 2 u. 3). Allerdings muß der Ankömmling erst über das Erstaunen hinwegkommen, das er über das Mißverhältnis zwischen der Weltberühmtheit des Ortes und seiner wirklichen Unbedeutendheit empfindet. Apia besteht eigentlich nur aus einer einzigen, weder schönen — die Aussicht nach dem Hafen ist vielfach durch häßliche Gebäude versperrt — noch stattlichen Straße, die von niedrigen, in weiten Zwischenräumen stehenden tropischen Holzhäusern gebildet wird (Abb. 42). Den Hauptbestandteil davon bilden mehrere kleine Hotels und europäische Kaufläden. Weiter landeinwärts schließen sich die Hütten der Eingeborenen an und liegen auch einzelne Europäerwohnungen reizvoll zwischen umfriedeten Gärten. Auf der Westseite der Bucht von Apia erstreckt sich eine lange schmale, mit Kokospalmen bestandene Landzunge in

Abb. 50. Küstenlandschaft von Ponape. (Zu Seite 63.)

Abb. 51. Landschaft an der Bucht von Metalanim an der Ostküste von Ponape.
Nach einer Aufnahme von Dr. Hansen. (Zu Seite 64.)

die See hinaus; das ist die Halbinsel Mulinuu, in den Augen der Samoaner ein geheiligtes Land, wo der König wohnt und seine Häuptlinge um sich versammelt (Abb. 43). Noch heut liegt hier unter den Palmen die einfache Hütte des Alii Sili o Samoa, Mataafas. Bis vor kurzem war auch der provisorische Wohnsitz des deutschen Gouverneurs hier gelegen. Jetzt ist diesem ein neues, schönes Haus im Süden Apias in der Nähe des Vaisinganoflusses erbaut worden, dessen stattliches Äußere, wie die Abbildung erkennen läßt (Abb. 44), trefflich der neuen Herrscherwürde des Deutschen Reiches in Samoa entspricht.

III.

Die Karolinen.

Wenn die Inseln der Südsee den Eindruck machen, als seien sie wie Samenkörner von der Hand des Schöpfers in einzelnen Würfen über die Fläche des Ozeans hingestreut worden, dann bedeuten die Karolinen-Inseln den weitest ausholenden unter diesen Würfen, bei dem die Körner über einen größeren Raum und loser als bei irgend einer anderen Gruppe sich verbreitet haben. Von der westlichsten Insel Toli unter dem 130° Meridian bis zur östlichsten Kusaie haben wir eine Strecke von ca. 3600 km, d. h. weiter als von London bis nach Tiflis am Kaukasus, zurückzulegen. Innerhalb dieser Erstreckung sind die Inseln in einem bis zu fünf Parallelgraden breiten Bande sehr unregelmäßig verteilt. Es sind ihrer rund 700 an der Zahl, deren Gesamtgebiet aber, soweit sie nicht unbewohnbare Klippen, auf ca. 1350 qkm berechnet wird, d. h. auf kaum mehr Raum, als das kleine Herzogtum Sachsen-Altenburg (1324 qkm) auf der Erdoberfläche einnimmt. Und nicht einmal annähernd gleichmäßig ist diese Landmasse angeordnet, sondern mehr als 4/5 des Gesamtareals, ungefähr 1100 qkm, fallen überdies auf die fünf größten Inselgebilde; der Rest der 700 über die Längenerstreckung eines

Abb. 52. Kanal in den Ruinen von Nanmatal.
Nach einer Aufnahme von Lt. Fleck. (Zu Seite 64.)

Erdteils verstreuten Inselchen erreicht kaum den Betrag der Mittelmeerinsel Elba (223 qkm). So stellen die Karolinen die erstaunlichste Auflösung eines Landgebietes im Meere vor, und der Volksstamm, der sich diesen sonderbarsten Wohnplatz der Erde auserwählt hat und mit seinen Kanus den Verkehr zwischen den Inseln unterhält, muß naturgemäß die denkbar weiteste Anpassung des Menschen an die Lebensbedingungen des Meeres vorstellen und fast ein amphibisches Dasein führen. Nötigt ihn die Natur doch nicht nur zu freiwilliger Ausübung von Schiffahrt, Fischfang und Schwimmkünsten aller Art, sondern er muß auf manchen Inseln auch gewärtig sein, daß gelegentliche Sturmfluten das ganze Eiland überschwemmen und ihn mit Weib und Kind zwingen, seine Zuflucht in den Baumwipfeln zu nehmen.

Es kann bei dieser Kleinheit und Verlorenheit der Inseln dieses Ozeans nicht wundernehmen, daß ihre Entdeckung durch die Europäer eine langsame und anfangs nur zufällige gewesen. Schon um das Jahr 1527 soll der Spanier Diego da Rocha auf eine von ihnen gestoßen sein, doch weiß man nicht einmal mit Sicherheit, auf welche. Zu weiteren Entdeckungen gelangten die Spanier durch die Schiffahrt zwischen ihren asiatischen und amerikanischen Besitzungen. Bald nach der Vollendung der Erdumsegelung des Magalhäes, die ja außer zur Entdeckung der Philippinen auch zu der der Ladronen (Marianen) geführt hatte, segelten häufig Schiffe von Mexiko über die Insel Guam nach den Philippinen. Der Nordostpassat unterstützte eine solche Fahrt ja sehr. Der Rückweg gegen diesen Wind war aber nicht ausführbar, und so suchte man ihn weiter südlich zu finden. Hierbei wurden einzelne der Karolinen-Inseln zufällig getroffen. So entdeckte Alvaro de Saavedra bereits 1529 die Uluthi-Gruppe und nahm sie für Spanien in Besitz. Auch Ruk und Kusaie wurden von ihm angelaufen. 1542 fand Villalobos Jap und die Palau-Inseln. Ein Gewicht wurde auf diese und ähnliche Funde aber nicht gelegt, und manche Gruppen sind infolgedessen mehrmals wieder vergessen worden. Die Entdeckung eines kleinen Eilandes durch Francisco Lazeano im Jahre 1686 und die Benennung desselben nach dem Könige Karl II. hat die Veranlassung gegeben, daß dieser Name für die ganze Inselgruppe allmählich an die Stelle des zuerst angewendeten „Neuen Philippinen" trat.

Die Kulturtätigkeit der Spanier für die Inseln bestand wie gewöhnlich zuerst in der Katholisierung. Nachdem aber blutige Händel mit den Eingeborenen ihnen den Geschmack daran verdorben hatten, bekümmerten sie sich überhaupt nicht mehr um die Gruppe. Erst in den achtziger Jahren, als Deutschland versuchte, die Hand darauf zu legen, wurde für ein paar Jahre wieder ein Versuch der Kolonisierung gemacht. Inzwischen war die weitere Enthüllung der Inselwelt durch andere Nationen vollzogen, und zwar im wesentlichen durch die in das vorige Jahrhundert fallende Expeditionen von Kotzebue, Duperey, Dumont d'Urville und besonders durch den Deutschrussen Graf Lütke, dessen in den Jahren 1827—28 ausgeführte Bereisung und Aufnahme unter die glänzendsten Leistungen dieser Art im Großen Ozean gerechnet wird. In Bezug auf nähere Erforschung, namentlich in ethnographischer Hinsicht, hat auch hier das Haus Godeffroy sich hohe Verdienste erworben. Insbesondere muß hier die unermüdliche Forscher- und Sammlertätigkeit des lange Jahre in ihren Diensten, später selbständig arbeitenden Deutschen Kubary erwähnt werden. Selbst aber die örtliche Festlegung einer ganzen Anzahl von Riffen auf der Karte ist noch unsicher, die Seekarten beschränken sich mehrfach darauf, ganze Gegenden, wo sich Riffe befinden, einfach als „gefährlich" zu bezeichnen.

Ein Blick auf die Karte läßt die Karolinen leicht in drei Teile gesondert erscheinen, die durch breitere Meeresstraßen voneinander geschieden sind. Diese Straßen laufen ungefähr durch den 156. und 142. Meridian östlich von Greenwich, und wir unterscheiden daher östliche, mittlere und westliche Karolinen.

Mit Ausnahme eines einzigen, sehr interessanten Vorkommens von Schiefergestein, auf der Insel Jap, finden wir im ganzen Bereich der Karolinen lediglich die beiden Formen der Korallen- und der vulkanischen Inselbildung. Weitaus die größte Zahl der Eilande besteht aus Korallenbauten; nur fünf Gruppen unter der großen Schar sind hohe, vulkanische Inseln, alle übrigen ganz flache Koralleneilande, die nur wenig Fuß über das Niveau des Meeres ragen. Die unter der Meeresoberfläche befindlichen Riffe, auf denen sie liegen, nehmen einen sehr viel größeren Raum ein, als sie selber. Rechnet man die Oberfläche dieser ganz marinen Gebilde mit hinzu, so würde das Areal der Karolinen, nach der Berechnung von Langhans, ungefähr 9000 qkm betragen, also das Sechs- bis Siebenfache des bewohnbaren Bodens.

Forschen wir nach dem Sockel, auf welchem sich diese seltsame Inselwelt aufbaut, so sehen wir, daß die östlichen und mittleren Karolinen gemeinsam auf einem untermeerischen Plateau emporwachsen, das zwischen zwei- und dreitausend Meter Tiefe hat, einem Rücken, der in ungefähr westöstlicher Richtung dahinstreicht, ähnlich wie die Samoa-Inseln. Auch die einzelnen Gruppen der östlichen und mittleren Karolinen scheinen diese Richtung nachzuahmen.

Abb. 58. Ein Gemeindehaus in Jap. Nach einer Aufnahme von Dr. Hansen. (Zu Seite 68.)

Anders ist es mit den westlichen Karolinen, die aus etwas größerer Meerestiefe auffsteigen und in ihren Gruppen mehr eine nordsüdliche Richtung zeigen, ein interessantes Faktum, weil es sie gewissermaßen von der ganzen großen übrigen Inselwelt Mikronesiens und Polynesiens aussondert und mit den Marianen zusammen anscheinend jenen Inselbogen zuweist, welche die Ostküste Asiens begleiten. Interessant ist auch, daß unmittelbar im Norden des unterseeischen Rückens, welcher die Karolinen trägt, sich sofort sehr große Tiefen bis zu 6000 m anschließen, die im Südosten der Marianen mit 9640 m sogar die tiefste heut bekannte Stelle der Erdoberfläche überhaupt aufweisen. Solche Tiefenrinnen sind ja häufig am Rande großer Kontinentalsockel zu finden, und so liegt hierin ein weiteres Zeugnis für die Auffassung, daß in diesen Inseln die letzten Reste eines untersinkenden Kontinents gesehen werden müssen.

Alle die verschiedenen Stufen der Darwinschen Atolle-Bildung finden sich in der Karolinengruppe in großer Reichhaltigkeit und Vollkommenheit vereinigt. Die hohen Vulkaninseln, wie Kusaie und Ponape, sind rings von Riffkränzen umgeben, die teils so nahe an das Ufer herantreten, daß sie ein Strandriff bilden, teils die Form des einen breiten Lagunenstreifen freilassenden Wallriffs haben. Bei der Inselgruppe Ruk, wo zehn bis zwölf hohe Vulkaninseln von einem weiten, mit Koralleninselchen besetzten Riffkranz umschlossen sind, gewinnen wir überraschend den Eindruck, als sei hier eine Insel wie das vielzackige Kusaie bis auf die Häupter dieser einzelnen Zacken bereits versunken, während das Riff weit nach außen gewachsen ist. Wieder andere Gruppen sind reine Atolle; geschlossene Riffkränze mit einzelnen Inselchen. Bei dem Atoll Satoan in der Mortlock-Gruppe finden wir z. B. ca. sechzig solcher Inselbrocken von der Länge mehrerer Kilometer bis zur Größe einzelner Felsbrocken auf dem sonst unterseeischen Riff verteilt. Endlich haben wir, wie z. B. bei der Gruppe Namonuito, ein fast ganz inselfreies Riff von großer Ausdehnung.

Allerdings bieten gerade einzelne der Karolinen-Inseln den Gegnern der Darwinschen Theorie vom Entstehen der Koralleninseln durch allmähliches Sinken des Landes die

Abb. 54. Eins der größten Geldstücke in Jap. Nach einer Aufnahme von Dr. Hansen. (Zu Seite 68.)

wichtigsten Anhaltspunkte zu Einwürfen dagegen. Wie zuerst Semper festgestellt hat, findet sich besonders auf den Palau-Inseln vielfach Korallenfels, der nur im Meere entstanden sein kann, hoch über dem Meeresspiegel emporgehoben. Die kleine Insel Fais in der Uluthigruppe stellt eine bis zu 30 m gehobene Korallenklippe vor. Daß man Zeugnisse dieser Art nicht unbedingt gegen die gesamte Theorie verwerten kann, erwähnten wir bereits.

Abb. 55. Mutter und Tochter, Jap.
Nach einer Aufnahme von Dr. Hansen. (Zu Seite 70.)

Die vulkanischen Gesteine der hohen Inseln sind im wesentlichen wie in Samoa jugendlicher Basalt. Aus dem Mangel deutlicher Kraterformen anzunehmen, daß sie fertig unter Wasser entstanden und erst nachträglich gehoben seien, erscheint mir nicht nötig; wie wir es bei einzelnen der Samoa-Inseln sahen, so kann auch hier die Zerstörung bereits sehr weit fortgeschritten sein. Eine Entstehung derselben zu einer Zeit, wo das Festland bereits unter Wasser verschwunden war, ist allerdings wahrscheinlich. Spuren gegenwärtiger vulkanischer Tätigkeit sind nicht bekannt. Die Einwohner der Insel Jap selbst erzählen allerdings, wie Hernsheim berichtet, daß im Norden von ihnen früher noch eine andere Insel existiert habe, mit deren Bewohnern sie in regem Verkehr gestanden hätten, und die plötzlich durch ein Erdbeben im Meere verschwunden sei. Da die Insel Jap in der Verlängerung des Marianenbogens mit seinen noch tätigen Vulkanen und hart neben der großen Einbruchstiefe am Rande des Karolinenrückens gelegen ist, so können hier die unterirdischen Kräfte sehr wohl noch vor kurzem so gewaltsam tätig gewesen sein.

* * *

Das Klima der Inseln ist wie in Samoa ausgesprochen tropisch und ozeanisch, d. h. warm, feucht und gleichmäßig. Volkens beobachtete während einer Dauer von sieben Monaten auf der Insel Jap keine tiefere Temperatur als 25, keine höhere als 30 Grad. Die frischen Winde nehmen der Temperatur das Drückende und machen sie für den Europäer fast die ganze Dauer des Jahres hindurch ungemein wohlig und gesund. Nach Volkens lebten auf Jap Europäer bereits fünfzehn Jahre lang, ohne die geringsten Attacken einer der sonst fast unvermeidlichen Tropenkrankheiten, Dysenterie, Fieber u. dgl.

Während der Mehrzahl der Monate liegen die Inseln in der Bahn des Nordostpassats, der mit frischer, klarer Luftströmung über die Weiten des Ozeans daherkommt. Zur Sommerszeit rückt dieser Gürtel so weit nach Norden, daß die östlichen und mittleren Karolinen in den Bereich der Kalmen treten und dann wechselnde Winde hier

Abb. 56. Eingeborene in Jap.
Nach einer Aufnahme von Dr. Hansen. (Zu Seite 70.)

herrschen. In den westlichen Karolinen beginnt bereits die Herrschaft des asiatischen Südostmonsuns, die allerdings hier noch nicht regelmäßig ausgebildet ist und von anderen Winden aus dem südlichen und westlichen Quadranten abgelöst wird. Für die Schiffahrt der Karoliner spielt dieser Windwechsel, mit dem auch ein Wechsel der Meeresströmung verbunden ist, eine große Rolle. Verschlagungen mit weiten, unfreiwilligen Reisen kommen zur Zeit dieser unregelmäßigen Winde vor.

Sehr groß ist natürlich die Feuchtigkeit, insbesondere auf den hohen, die Regenwolken verdichtenden Inseln. Auf Jap hat man eine Jahressumme von 2500 mm gemessen, von denen in der eigentlichen Regenzeit während der Kalmen von Juni bis Oktober 2000 fallen. Aber auch die trockenere Zeit ist nirgends ganz ohne Regenfall, so daß die Inseln niemals der für das tropische Wachstum nötigen Feuchtigkeit entbehren. Allerdings Kulturpflanzen, die eine Trockenperiode brauchen, sind deshalb so gut wie ausgeschlossen.

Leider liegen die Inseln auch in der Bahn der Taifune, und häufige Stürme brausen zuweilen um die Zeit der Tag- und Nachtgleichen mit furchtbaren Verwüstungen über sie dahin.

* * *

Die gesamte Lebewelt der Inseln, die Pflanzen, Tiere und Menschen, sind sichtlich aus den benachbarten Gebieten Südostasiens eingewandert. Schon innerhalb der Karolinengruppe selber nimmt der Reichtum der Flora und Fauna deutlich von Westen nach Osten ab; selbst auf der äußersten Ostgruppe ist er aber immer noch größer als auf den noch weiter in den Großen Ozean hineingelegenen Marshall-Inseln. Auch innerhalb der Pflanzenwelt spricht sich der bedeutende Unterschied der Natur der hohen vulkanischen und der niedrigen korallinischen Inseln aus.

Die hohen Inseln mit ihrem größeren Areal, ihrem fruchtbaren Verwitterungsboden und dem durch die Vielgestaltigkeit des Bodenreliefs bedingten Reichtum an Lebensbedingungen sind unendlich viel reichhaltiger als die armen Koralleninseln. Sie allein erinnern an die paradiesische Schönheit Samoas. Eine gewisse zonale Anordnung der Pflanzentypen kehrt auf ihnen allen wieder. Hinter dem Wallriff, das zwar das Spiel von Ebbe und Flut nicht hindert, aber doch die Gewalt der Brandung bricht, pflegt sich zunächst ein Gürtel von Mangrove-Gewächsen rings um die Insel zu ziehen, jene seltsam

geformten, dicht wuchernden Bäume und Sträucher, die gleichsam eine Verbindung und Durchdringung von Land und Meer herstellen; die mit langen Stelzfußwurzeln im schlammigen Meeresgrunde haften und eine dichte, tropisch üppige Waldwildnis schaffen, von zahllosen, labyrinthisch verschlungenen Kanälen oft von wunderbarer landschaftlicher Schönheit durchzogen (Abb. 45). Nähert man sich auf diesen Kanälen allmählich dem Strande, so tritt namentlich da, wo Bäche des Hinterlandes das Wasser der Lagune auszusüßen beginnen, mehr und mehr an die Stelle der diese Mangrove-Waldungen hauptsächlich zusammensetzenden Rhizophoren die reizvolle Nipa-Palme. Endlich erreichen wir das feste Land. Auch hier begegnet man Bildern von hoher landschaftlicher Schönheit (Abb. 46). Rings um die Küste schlingt sich ein Saum von Kulturlandschaft. Denn an der Küste wohnen ausschließlich wie in Samoa die braunhäutigen Insulaner (Abb. 47 u. 48) ebenso wie der europäische Ansiedler. Das Innere ist gänzlich unbewohnt, ja, pflegt von den Eingeborenen mit abergläubischer Scheu gemieden zu werden.

Verschieden je nach Art der Kultur ist der Pflanzenbestand des Ansiedelungsstreifens. Natürlich finden wir hier die unvermeidliche Charakterpflanze der Südsee-Inseln, die Kokospalme, wenngleich ihr der steinige Boden oft nicht sonderlich zusagt; daneben den Brotfruchtbaum, die schlanke, feine Arekapalme, in Ponape auch die Sagopalme, breitblättrige Bananenpflanzungen, Papaya, Limonen, Baumstachelbeeren und Felder von Taro und Yams. Dies alles ziemlich regellos hineingesetzt in einen lichten Wald von Bananen, Würgerfeigen, Pandanus u. dgl. Das Ganze macht den Eindruck eines lichten, verwilderten Parks.

Hieran schließt sich endlich die Pflanzenzone des Inneren, aus Wald bestehend, der zuweilen die Berge bis zu ihren Gipfeln bedeckt, teils aber auch aus Savannen von mannshohem hartem Gras.

Unstreitig ist der Anblick einer solchen Hochinsel, z. B. Ponapes, von ungemeiner Anmut, aber doch etwas weniger reich als bei Samoa. Auf den Samoa-Inseln beherrscht der wundervolle, durchaus tropische Urwald fast die ganze Landschaft und gibt allen Formen trotz ihrer oftmals romantischen Bewegtheit durch seine samtene Decke den Charakter reizvollster Weichheit und Üppigkeit. Die Landschaften Ponapes erinnern mit ihren etwas härteren, klareren Linien ein wenig mehr an klassische Landschaftsformen der subtropischen Welt des Mittelmeers. Sicher ist, daß die Fruchtbarkeit des Bodens und der Reichtum der Natur in Samoa größer ist als hier.

Armselig ist dagegen die Flora einer Riffinsel. Dichtes Strauchwerk, unter dem besonders eine Scävola, gewöhnlich die erste Besiedlerin eines neu von den Wellen zusammengespülten Korallen-

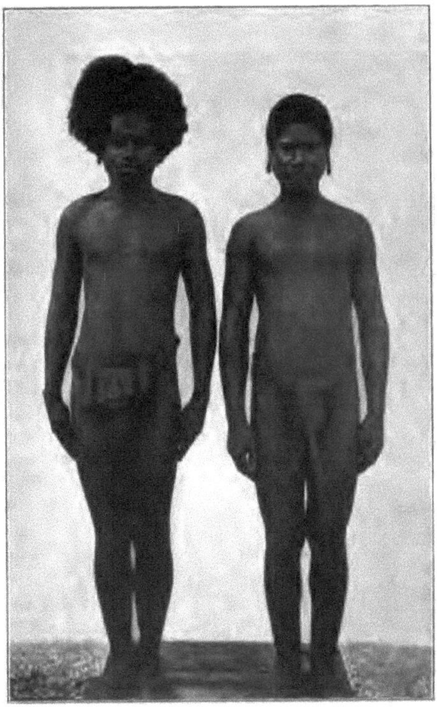

Abb. 57. Leute von der Polizeitruppe in Jap. Nach einer Aufnahme von Dr. Hansen. (Zu Seite 70.)

inselchens, eine Hauptrolle spielt, bildet den Untergrund. Darüber erheben sich die nickenden Wipfel der graziös gezeichneten Kokospalme und dicklaubige Haine prächtiger Brotfruchtbäume. In dieser Hinsicht übertreffen die Koralleninseln der Karolinen an Reichtum immer noch die weiter östlich gelegenen Genossen der Marshall-, Gilbert- oder Paumotu-Archipele.

Die auf Bewegung angewiesene Tierwelt ist natürlich bei der Kleinheit der Karolinen-Inseln noch ärmer als die Flora. Ganz wie auf Samoa besteht die nicht von Menschen eingeführte Säugetierwelt lediglich aus einigen Arten von Fledermäusen, deren Flügelspannweite bei einigen oft einen Meter beträgt. Ratten, Katzen und Hunde sind wie dort durch Menschen eingeführt. Eine eigentümliche Hundeart mit spitzen Ohren, langem Schwanz findet sich auf Ponape, wo sie gemästet und gegessen wird.

Zahlreicher sind die Vögel. Finsch hat gegen achtzig Arten konstatiert. Darunter ist besonders auf Ponape eine Papageienart, sowie eine Sumpfohreule interessant. Ferner findet man Kuckucke, Eisvögel, Brillenvögel, Fliegenfänger, Glanzstare und besonders verschiedene Taubenarten; das Haushuhn lebt verwildert in den Wäldern.

Nach Osten zu nimmt der Reichtum der Tierwelt ab. Noch in Kusaie aber findet man eine Schwalbe mit eßbarem Nest, wie wir sie im Malaiischen Archipel kennen. Fünf bis sechs Arten von Eidechsen, darunter auf Jap eine besonders große, sind festgestellt worden. Auch die niedere Landtierwelt ist naturgemäß arm an Artenzahl, besonders an Käfern und Schmetterlingen. Bezaubernd wirken nach Christian auf Jap die Schwärme nächtlich leuchtender Feuerfliegen. Reich dagegen ist das Meer an allerlei Seewild, worunter besonders die Holothurien oder Trepang genannten Echinodermen eine sehr bedeutende Rolle spielen. Auch Schildkrot und Perlmutterschalen werden gewonnen.

Abb. 58. Mädchen aus Ngatik.
Nach einer Aufnahme von Dr. Hansen. (Zu Seite 70.)

* * *

Betrachten wir nun wenigstens die Hochinseln, die vornehmsten Sitze des Lebens, noch etwas näher; für die niedrigen Inseln können wir uns bei ihrer großen Gleichmäßigkeit auf die Betrachtung einiger weniger beschränken.

Die östlichen Karolinen enthalten zwei vulkanische Hochinseln, Ponape und Kusaie. Die letztere stellt zugleich überhaupt die östlichste Insel des Archipels vor. Sie ist 110 qkm groß, von rundlichen, gedrungenen Umrissen. Charakteristisch für sie ist die außerordentliche Zerklüftung ihres basaltischen Grundbaus. Die Berge der Insel, die bis zu 657 m aufsteigen, sind so unregelmäßige spitzige Zacken und Zinnen, daß sie schon Lütke mit wunderlichen Hörnern und Eselsohren verglichen hat. Der vielfach tiefgrundig zu rotem Ton verwitterte Boden nährt eine üppige Vegetation. Vierhundert Eingeborene etwa bevölkern die Insel, deren Hafen auf der Ostseite bei dem Inselchen und Häuptlingssitz Lele gelegen ist. Seltsame alte Bauten auf dieser Insel von ähnlichem Charakter

Abb. 59. Aufmarsch der Frauen zum Tanz in Ngatik. Ostkarolinen.
Nach einer Aufnahme von Dr. Hansen. (Zu Seite 70.)

wie die sogleich näher zu erwähnenden von Ponape zeugen für eine ältere, höchst merkwürdige Kultur.

Die größte Insel der Karolinen ist Ponape, mit 347 qkm (etwas mehr als $^2/_3$ von Rügen umfassend). Ihre Gestalt ist fast kreisrund; ein schön ausgebildetes, weit vorspringendes Wallriff umgibt sie, in dessen Bereich noch eine Reihe vulkanischer und korallinischer Nebeninseln, großenteils von ganz besonderem landschaftlichem Reiz, fallen. So wird demjenigen, der den Hafen von Santiago angelaufen hat, unvergeßlich der romantische Anblick der Insel Tschokatsch bleiben, wo ein mächtiger, kastellartiger Basaltfels mit nahezu senkrechten Wänden majestätisch über dem dunklen Urwald emporwächst. Der höchste Gipfel Ponapes, der Tolokolme, hat 872 m Meereshöhe. Außer dem genannten Hafen, wo nur ein schmaler Paß den Eingang durch das Riff gewährt, finden sich noch fünf andere, deren Passagen in der Regel dort liegen, wo Süßwasserbäche das Wachstum der Korallen stören. Unter ihnen ist der auf der Ostseite gelegene Hafen von Metalanim der beste. Der Regierungssitz, die Wohnstätte des deutschen Landeshauptmanns der östlichen Karolinen, liegt aber an dem vorhergenannten Nordhafen Santiago (Abb. 49); denn hier besteht schon aus der Spanierzeit her eine kleine Stadtanlage, die sich um ein weit ausgedehntes, von den Spaniern befestigtes Fort gruppiert. Innerhalb dieser Befestigungen lagen die Regierungsgebäude und Kasernen der Spanier, die sich hier fast dauernd in einem Belagerungszustande gegenüber den Eingeborenen befanden. Wir bedürfen der Kasernen und Befestigungen heute nicht. Der deutsche Regierungsbeamte wohnt zwar ebenfalls im Fort, aber die Tore stehen offen und keinerlei Feindseligkeiten sind bisher vorgekommen. Reiche Pflanzungen umgürten den fruchtbaren, in üppiger Landschaftsschönheit (Abb. 50) prangenden Ufersaum. Das von wilden Schluchten zerrissene Innere ist aber noch ganz unverwertet, ja noch kaum hinreichend bekannt. Die Üppigkeit des Pflanzenwuchses an den Berghängen ist zum Teil nur eine scheinbare. Die Verwitterungsschicht des Bodens

Abb. 60. Einfahrt in die Lagune von Jaluit. Nach einer Aufnahme von Dr. Hansen. (Zu Seite 80.)

ist dort spärlich. Vielleicht bieten die Savannen Gelegenheit zur Viehzucht, wie man sie auf den Marianen gegenwärtig rationell zu betreiben versucht.

Eines der wunderbarsten Geheimnisse, das die Südsee birgt, findet sich auf der Ostseite der Insel Ponape in der Bucht des genannten Hafens Metalanim (Abb. 51). Hier liegt im Bereich der von dem Außenriff geschützten Lagune ein mächtiger Komplex von Ruinen ganz ungewöhnlicher Art. Von weitem gewahrt man sie nicht, denn dichter tropischer Urwald überwuchert sie. Auf Kanus dringen wir durch die schmalen, von dichtgeschlossenen Laubwänden umgebenen, von mächtigen Wipfeln überwölbten Flutkanäle (Abb. 52) zu ihnen vor, und sehen nun die wunderbaren Reste einer zerfallenen großartigen Stadtanlage vor uns, die wie eine Art Venedig mitten im Wasser der Lagunen erbaut war. Auf mächtigen, rechtwinkligen Plattformen aus Korallenkalk erheben sich Mauern aus schweren, schwarzen, kantigen Basaltsäulen, die wahrscheinlich an den Basaltgehängen der Insel Tschokatsch gebrochen sind. Diese natürlichen Säulen, die teilweise von so ungeheurer Größe und Schwere sind, daß der Transport hierher und ihre Aufschichtung zu hohen Mauern angesichts der heutigen mechanischen Hilfsmittel der Eingeborenen unlösbare Rätsel bieten, sind in Lagen übereinander geschichtet, abwechselnd längs und quer. Der Torweg einer dieser Bauten hat etwa 10 m Höhe. Im Innern finden wir Höfe, die zu anderen, zentraleren, von neuen Mauern umgürteten Höfen führen. Wir finden überdachte Kammern aus riesigen Basaltblöcken, die als Gräber gedeutet worden sind, und in denen man Schädel, Schmucksachen und einheimisches Geld gefunden hat. Der Urwald überwuchert jetzt mit Strauchwerk, Farnen und Schlingpflanzen in einer Weise das alte cyklopische Gemäuer, daß es schwer ist, einen Gesamteindruck von den Bauwerken zu bekommen. Die sorgfältigste Untersuchung dieser Ruinenstadt verdanken wir Kubary. Sehr schöne Abbildungen zeigt auch das neuere Werk von Christian (s. Literaturverzeichnis).

Zeitweilig hat man in diesen Anlagen, die rings von Wasser umgeben und durchflossen sind, das Anzeichen einer neueren Senkung des Bodens sehen wollen, allein man sieht heute darin Verteidigungswerke, die bereits in das Wasser hinein gebaut worden sind; Werke eines Volkes, das dem gegenwärtigen vorausging, vielleicht einer melanesischen Rasse, die ja ihre Spuren auch körperlich in der ihrem Grundstock nach polynesischen Bevölkerung Ponapes zurückgelassen hat.

Die vorhin erwähnten Bauten von Lele und Kusaie sind ganz derselben Natur, wenn auch weniger sorgfältig ausgeführt. In ihrer rauhen und massigen Größe erscheinen sie aber nicht weniger wie ein Werk der Titanen als die rätselvollen Ruinen von Metalanim.

Die übrigen Inseln der östlichen Karolinen, Pingelap, Mokil, Ngatik und ein paar andere, ihrer Lage nach nicht genau fixierte Riffe sind typische Atoll-Inseln kleinsten Formats. Die letztgenannte Gruppe besteht aus sechs Inseln mit einem Gesamtflächeninhalt von 150 ha; aber nur eine von ihnen ist bewohnt, mit ca. 240 Menschen. Vor etwa vierzig Jahren wurden alle Männer durch Walfischfänger und Eingeborene aus Ponape um des hier aufgespeicherten Schildpatts willen ermordet. Eine sehr bunte Rassenmischung ist dann in der neuen Generation herangewachsen, da Deutsche, Engländer, amerikanische und afrikanische Neger, Ponapesen und andere Südsee-Insulaner bei ihrer Erzeugung mitgewirkt haben. 1897 und 1898 richteten Hochfluten die Bevölkerung von neuem fast zu Grunde. Sämtliche Brotbäume gingen ein, desgleichen die Hälfte der Kokospalmen und alles Vieh.

Die Abteilung der mittleren Karolinen enthält bei weitem die größte Zahl von Einzelgruppen, aber nur eine Hochinsel, oder besser einen Archipel von solchen, der den Namen Hogolu, oder noch häufiger nach einer der einzelnen Inseln darin, Ruk, führt; ein merkwürdiges Gebilde. Ein mächtiges Rundwallriff von 60 bis 70 km Durchmesser umschließt eine schöne tiefe Lagune. Zahlreiche Durchfahrten führen in diese hinein, und einige fünfzig Flachinseln krönen das Riff. Im Innern aber findet sich neben einer größeren Anzahl von Korallenriffen und Klippen eine Schar von zehn bis zwölf basaltischen Hochinseln, unter denen die bedeutendsten Ruk, Tol, Toloas und Uola sind. Ihre zwischen 300 und 400 m hohen Gipfel sind höchst malerisch gestaltet; eine dichte Vegetation wuchert auf dem fruchtbaren, von zahlreichen Bächen bewässerten Verwitterungsboden. Die Inseln, deren Gesamtfläche auf 132 qkm, also wenig mehr als den dritten Teil von Ponape geschätzt wird, sollen doch neun- bis zehntausend Einwohner bergen, also dreimal so viel als die letztgenannte Insel. Nach Christian besteht diese Bevölkerung aus zwei verschiedenen Rassen, den dunkelfarbigen Bergstämmen und den lichtbraunen Küstenbewohnern; letztere gelten für stolzer und schöner als die anderen. Ein interessantes selbständiges Leben erfüllt den Archipel, dessen schützender Korallenwall einen regen Verkehr zwischen den Inseln ermöglicht. Neben Jap produziert der Ruk-Archipel unter den Karolinen in guten Jahren am meisten Kopra. Reich ist auch der Gewinn an Perlen, Muscheln, Schildpatt und Trepang, den hauptsächlich deutsche und

Abb. 61. Ebon, Marshallgruppe. (Zu Seite 81.)

daneben englische und japanische Händler ziehen. Der Ertrag der Inseln würde noch größer sein, wenn nicht fortwährende Kämpfe der kriegerischen Eingeborenen, bei denen die Kopfjägerei noch im Schwange ist, die Entwickelung hintan hielten.

Alle übrigen Inseln der mittleren Karolinen sind Korallengebilde. Unter diesen sind dem Flächeninhalt nach die größten die Hallgruppe und die Mortlockgruppe. Die letztere enthält fast hundert Inseln, auf denen ca. dreitausend Einwohner leben sollen. Deutsche Händler sind hier seit längerer Zeit bemüht, die Kopra-Ernte zu heben. Die Kultur ist deshalb verhältnismäßig hoch entwickelt. Das Inselchen Lukunor (4,5 qkm) gilt als eine der schönsten Koralleninseln der Südsee wegen des Reichtums an wohlgepflegten Kokos- und Brotfruchthainen. Sprachlich interessant sind die beiden Inseln Kapeu-Mailang und Nukuor, deren Bevölkerung einen samoanischen Dialekt altertümlicher Form sprechen soll und auf samoanische Einwanderung zurückgeführt wird. Bezüglich der übrigen Gruppen und Riffe sei auf die Karte verwiesen. Die Bevölkerung der mittleren Karolinen, die untereinander im Verkehr steht, zeigt in Körperbildung, Sprache und Sitten eine gewisse Einheitlichkeit gegenüber den anderen.

Unter den westlichen Karolinen begegnen wir in dem Inselchen Fais einer schon erwähnten merkwürdigen Bildung, die rein aus Korallenkalk aufgebaut ist, aber doch mit steilen, oft senkrechten Wänden bis ungefähr 30 m über das Meer emporragt. Auf ihrer Oberfläche finden wir im Innern von etwas erhöhten Rändern eine fruchtbare, wohl angebaute Einsenkung. Wir haben daher in dieser Insel nichts anderes als ein gehobenes Korallenatoll zu sehen. Der erhöhte Rand stellt das ehemalige Riff, die schüsselförmige Einsenkung die frühere Lagune vor. Das Inselchen gewährt dadurch deutliche Analogien mit gleichen Erscheinungen von Hebung des Madreporenkalkes, wie wir sie auf den Marianen beobachten werden, und wir wiesen bereits auf den gewiß nicht bedeutungslosen Umstand hin, daß sie in der Verlängerung des Bogens dieser Inseln liegt.

Außer ein paar kleineren Atollgruppen treffen wir dann die Hochinsel Jap (Yap). Dieses Eiland, 207 qkm groß, gewährt von weitem den Anblick eines niedrigen Land-

Abb. 62. Am Strand von Jaluit. (Zu Seite 81.)

Abb. 68. Europäerhaus in Jaluit. (Zu Seite 81.)

streifens, der in der Mitte zu einem rundlichen Plateau ansteigt. Die Insel ist ganz und gar von einem Wallriff umgeben, dessen bester Durchgang auf der Ostseite zu dem Tomil-Hafen führt. Sie besteht eigentlich aus zwei, nur durch eine schmale Landenge verbundene Inseln. Den Grundbau bildet grüngraues Schiefergestein, das bis zu dreihundert Metern ansteigt — ein sehr merkwürdiger Umstand in diesem Gebiet der Südsee, über dessen Bedeutung man sich noch nicht ganz klar ist. Es ist noch ungewiß, ob diese schiefrigen Gesteine sedimentär oder ob sie ältere Eruptivgesteine sind. Ein üppiger Vegetationskranz von Mangrove und Kokospalmen umschließt die Küste. Das Innere, namentlich in der südlichen Hälfte, ist von Sümpfen erfüllt, welche die Eingeborenen zu Tarophlanzungen ausnutzen, und von trocknerem Kulturland, auf dem süße Kartoffeln, Yams, Papuaya, Ananas, Wassermelonen, Bananen, Zuckerrohr, Brotfrüchte u. dergl. gezogen werden. Die Szenerie des Niederlandes, die auch Bambus und ein Koi genannter Baum mit ausgezeichnetem, dem Mahagoni ähnlichen Holz verschönern hilft, ist sehr reizvoll. Die Hochflächen dagegen erfüllt eintönige Savanne, da der Boden im allgemeinen steril ist, viel Regen und Pflege braucht.

Die Eingeborenen, deren Zahl auf etwa achttausend geschätzt wird, scheinen, ähnlich wie auf Ruk, in zwei auch körperlich verschiedene Schichten zu zerfallen, die in dem Rangverhältnis einer Art höheren und niederen Kaste stehen. Die vornehmere, schönere und kräftigere, Pilup genannt, bewohnt die Küstengegenden, die niedere, Pimlingai geheißen, das Innere. Die Bekleidung ist sehr primitiv, bei den Männern ein Lendenschurz, bei den Frauen ein Grasschurz mit einem Bastrock darüber. Angenehme Charaktereigentümlichkeiten, Brauchbarkeit zu öffentlichen Arbeiten, Handwerken und zur Schiffahrt werden ihnen nachgerühmt. Politisch ist die Insel in sechs Bezirke unter Oberhäuptlingen geteilt, deren Verhältnis zur deutschen Verwaltung sehr günstig ist.

Letztere hat ihren Sitz auf der kleinen im Tomilhafen liegenden Insel Blelatsch. Eigentümlich ist, daß man auch auf Jap eine Menge Spuren einer früheren, viel höheren Kultur findet: Dämme, Terrassen, Straßen, die mit regelmäßigen Steinblöcken

Abb. 65. Stationsgebäude in Finschhafen. (Zu Seite 108.)

Die Einwohner der Karolinen-Inseln werden von der Ethnographie als Mikronesier bezeichnet. Nach den heute herrschenden Anschauungen ist ihr Grundstock im wesentlichen polynesisch mit starker Beeinflussung durch die melanesische Bevölkerung der südlich benachbarten Inseln. Daß mancherlei Mischungen auf den Karolinen vor sich gegangen sind, beweist die große Verschiedenheit der Typen. Auf manchen Inseln scheint, wie wir gesehen haben, eine Zweiheit von Rassen oder Rassenschattierungen angedeutet zu sein, hellere und dunklere. Von den Palau-Inseln berichtet schon Semper mit Nachdruck, wie deutlich dort neben dem malayischen der Papuatypus in dunkelerer Hautfärbung, im krausen, buschigen, mattschwarzen Haar, in der eigentümlich jüdischen Bildung des Gesichts, die gleicherweise von Neu-Guinea bekannt ist, zu erkennen sei. Sagen von kriegerischen Besuchen und dunkelfarbigen Völkern von jenseits der See kommen hinzu. Überdies werden aber auch die natürlichen Bedingungen dieser eigentümlichen Wohnstätte, die Isolierung der einzelnen Archipele schon allein vielerlei Besonderheiten herausgebildet haben, und so findet man bei den Karolinern alle Hautabstufungen vom lichten Braungelb bis zum tiefdunkeln Schwarzbraun; Schädelbildung vom langen und breiten Typus, Haare vom schlichten und glänzenden Schwarz bis zum ausgesprochen negerhaften Wuchs. Auch die Sprache, deren Grundlage malaio-polynesisch ist, zeigt eine Fülle von stark verschiedenen Dialekten. Die Kleidung ist auf den östlicheren Karolinen durch den Einfluß der Missionare bereits stark europäisiert worden. Auf den westlicheren hat sich der einfache Hüftschurz für Männer und Frauen noch erhalten (Abb. 55—59). Die früher sehr ausgedehnte Tättowierung des Körpers ersetzte den Mangel der Bekleidung; jetzt geht durch die Einwirkungen der Mission die Sitte des Tättowierens stark zurück.

Die Tatsache der Verbreitung über die so zerstreute Inselwelt, in der kein bewohnbares Fleckchen von den braunen Menschen unentdeckt geblieben zu sein scheint, bietet demjenigen, der die Schiffahrtskünste der Karoliner kennen gelernt hat, keinerlei Rätsel dar. Noch heute sind die Karoliner wohl die kühnsten unter den Seefahrern des pazifischen Völkerkreises. Hochentwickelt ist ihre Kunst des Kanubaues. Sie wissen diesen gebrechlichen Schiffchen, die jeder kleine Brecher der See überschäumt, mit wohlüberlegten

Wölbungen eine so zweckmäßige Gestalt, mit dem Auslieger einen so sicheren Halt gegen das Umschlagen, mit der Befestigung der einzelnen Teile durch Kokoszwirn eine solche Solidität und gleichzeitig Beweglichkeit der Teile zu verleihen, daß sie im stande sind, unter den schwierigsten Verhältnissen weite Hochseefahrten auszuführen. Wir wissen, daß die Karoliner, ebenso wie die Marshalls-Insulaner, vor der Bekanntschaft mit den Europäern geradezu gewisse Navigationsschulen besaßen, in denen die heranwachsende Generation in dem Bau der Schiffe, der Kunst der Segelführung, in der Kunde der Gestirne, der herrschenden Winde und Strömungen unterrichtet wurde. Sie besaßen selbst Karten, Gebilde höchst eigentümlicher Art, bei denen Muschelschalen und Steinscheiben die einzelnen Inseln bedeuteten, während ihre gegenseitige Lage und die Fahrtrichtung zwischen ihnen durch kleine Stäbchen angedeutet wurde, auf denen sie befestigt waren. Als am Ende des siebzehnten Jahrhunderts Karoliner nach den Marianen verschlagen wurden, fanden sie sich nicht nur zurück, sondern sie benutzten dieses Ereignis zur Anknüpfung eines regelmäßigen Verkehrs nach der fernen Inselgruppe. Alljährlich im Februar kamen die Leute von Ulie mit 18 bis 20 großen Kanus nach der Insel Lamoliork und segelten von da nach der 500 englische Meilen weit entfernten Marianen-Insel Guam. Hier blieben sie bis April oder Mai und kehrten dann mit dem Südwest-Monsun zurück. Wenn die Leute von Jap, so wurde Hernsheim erzählt, ihre Reisen nach den Palau-Inseln machen, um dort das Steingeld zu holen, dann breiten sie sich über den Ozean zu einer weiten Linie aus. Die einzelnen Kanus fahren in solchen Entfernungen voneinander, daß das ungeübte Auge des Europäers kaum von einem zum anderen hinüber reichte, und doch wissen sich die Leute mit bestimmten Zeichen zu verständigen. Bei dieser Art zu fahren, wird die Gefahr verringert, an den Inseln vorüberzufahren. Auch die während eines großen Teils des Jahres gleichbleibende Richtung

Abb. 66. Station Erima-Hafen mit der Feldbahn nach Stephansort. (Zu Seite 110.)

des Wellenganges nutzen sie aus, indem sie die Dünung stets unter dem gleichen Winkel durchschneiden.

Da der Ausleger auf der Windseite liegen muß, damit er nicht zu tief ins Wasser gedrückt wird — bei scharfem Fahren pflegt er sogar oft schwebend über die Oberfläche dahinzustreichen —, so muß jedesmal beim Kreuzen das ganze Schiff gedreht werden. Das fächerförmige Segel, das nicht in der Mittellinie des Kanus, sondern zur Seite auf einer überstehenden Plattform befestigt ist, muß dabei nach der anderen Seite herüber getragen werden. Ebenso gilt es, je nach der Stärke des Windes, die Segelleinen unausgesetzt zu lockern oder anzuziehen, sowie den menschlichen Ballast auf dem Fahrzeug hin und her zu verteilen. Hochentwickelte Geschicklichkeit und Kenntnis der See und des Fahrzeuges gehören dazu, um dies richtig auszuführen. Welche Lasten die Eingeborenen mit ihren kleinen Fahrzeugen befördern, haben wir bei der Behandlung des Steingeldes von Jap und der Basaltbauten von Metalanim und Lele kennen gelernt.

Seit der Europäer den Handel in die Hand genommen hat, geht aber leider auch die Schiffahrtkunst der Karoliner, wie alle ihre übrige Technik, zurück.

Dieser allgemeine Rückgang der Kultur ist ein in der Menschheitsentwickelung sehr interessanter, wenn auch tragischer Vorgang. Der plötzliche Übergang aus dem Steinzeitalter ihrer eigenen Kultur in das Eisenzeitalter der europäischen ist ein zu rascher gewesen. Er hat die eigenen Kulturtriebe nicht gefördert, sondern ertötet. Vorher herrschte auf den Inseln eine sehr ansehnliche Kunstfertigkeit, die hübsche Schmucksachen und Schnitzereien aller Art mit den primitivsten Steinwerkzeugen herstellte. Seit Einführung der Eisenmesser, die doch eigentlich alle diese Arbeiten ungemein erleichtern würden, ist aber im Gegenteil ein rapider Rückgang eingetreten; Semper, Kubary, Hernsheim und andere haben uns die großen Gemeindehäuser auf Palau und Jap eingehend geschildert, mit ihren schönen Holzschnitzereien an den Giebeln, ihren skulpierten Deckbalken, die ganze Geschichten enthalten; heute werden solche Häuser nicht mehr hergestellt. Die prächtigen Haarkämme aus Schildpatt, die Schmuckgehänge aus polierten Perlmutterschalen, zu deren einem zuweilen 25000 Stück Muschelschalen nötig waren, sind bereits große Seltenheiten geworden; die lebenden Generationen vermögen sie nicht mehr anzufertigen. Es ist keine Frage, die Erleichterung der Beschaffung der täglichen Lebensbedürfnisse, wie sie die Europäer mitbrachten, haben den natürlichen Hang zur Trägheit und Beschaulichkeit noch vermehrt. Seit die Karoliner den grellbunten Kattun so billig kaufen können, verschmähen sie natürlich die mühsame Bereitung der eigenen Web- und Baststoffe. Seit sie europäischen Tand schon für ein paar Kokosnüsse erhalten können, bemühen sie sich nicht mehr mit der Herstellung der eigenen schwierigen Schmucksachen.

Abb. 67. *Die Feldbahn von Erima nach Stephansort, einen Fluß passierend. (Zu Seite 111.)

Und das scheint noch weitere unheilvolle Folgen nach sich zu ziehen. Gewiß nicht mit Unrecht bringt Semper diese wachsende Faulheit und mangelnde Körperübung in ursächliche Verbindung mit dem rapiden Aussterben der Nation. Überall auf den Inseln finden wir sichere Anzeichen einer früher stärkeren Bevölkerung. An diesem Rückgang haben einmal direkte Menschenjagden, wie man sie zur Beschaffung von Pflanzungsarbeitern für benachbarte Inselgruppen europäischerseits ins Werk

Abb. 68. Assistentenhaus am Mintjimfluß bei Stephansort. (Zu Seite 111.)

gesetzt hat, ihren Anteil. Auch Mordtaten, wie die oben erwähnte auf der Insel Ngatik, haben dazu beigetragen; desgleichen Krankheiten, die europäische Schiffe dorthin verpflanzt haben. Nicht minder ferner hat auch die Mission einen Teil der Schuld an diesem Untergange, deren Idee, daß die natürliche Tracht der Eingeborenen etwas Unsittliches sei, und europäische Verhüllung die erste Bedingung der Gottwohlgefälligkeit, diese Naturkinder hier wie auf anderen Inseln zu einer für sie durchaus ungesunden Bekleidung nötigt. Fortwährende Erkältungskrankheiten sind die Folge davon und raffen die Eingeborenen in Menge vorzeitig dahin.

Aber dies alles reicht zur Erklärung des raschen Hinschwindens der Bevölkerung noch nicht allein aus. Wir verdanken Kubary eine ausgezeichnete Untersuchung darüber auf den Palau-Inseln, deren Grundzüge sich aber auch auf die übrigen Eilande übertragen lassen werden. Danach sind zwar sowohl die genannten Gründe, wie auch die einheimische Kopfjägerei mit an dem Rückgange schuld; die Hauptsache liegt jedoch nicht an der Überzahl der Todesfälle, sondern an der Unterbilanz der Geburten, die allerdings eine erschreckende ist.

Und dieser Ausfall der Geburten ist zum großen Teil auf die arg verlotterten geschlechtlichen Verhältnisse zurückzuführen. Hier kann man nicht mehr wie in Samoa von anderen, zwar freien, aber noch natürlich schönen und unschädlichen Sitten reden, sondern es herrscht eine Zügellosigkeit, bei der Männer und Frauen durch frühzeitigen und übermäßigen sexuellen Verkehr rasch erschöpft werden. Ungünstig in derselben Richtung wirkt der in eigentümlichen Gewohnheiten beruhende Mangel eines Familienlebens und endlich die äußerst unrationelle Schwächung der Frauen durch schwere Feldarbeit in jungen Jahren.

Die Gemütsart der Karoliner wird verschieden geschildert. Im allgemeinen gelten sie für liebenswürdig, gastfreundlich, heiter und offen; nach anderen Berichten aber erscheinen sie ganz umgekehrt argwöhnisch, geizig, hinterlistig und grausam. Wahrscheinlich werden beide Erfahrungen richtig sein; es fragt sich nur, wie viele von den letzteren Eigenschaften, namentlich der Feindseligkeit, durch Berührung mit den Europäern entstanden sind. Das Zusammentreffen mit den rohen Walfischfängern und den meist ungebildeten und rücksichtslos gewinnsüchtigen früheren Händlern oder gewalttätigen Kriegsschiffkommandanten — Semper erzählt voll sittlicher Entrüstung in seinem Buch über

Abb. 69. *Bübchen von Stephansort. (Zu Seite 111.)

die Palau-Inseln ausführlich von solch einem Fall — wird nicht immer geeignet gewesen sein, sanfte Gefühle gegen die weißen Männer zu nähren. Insbesondere scheinen die Spanier in den letzten Jahrzehnten in hervorragendem Maße die Kunst besessen zu haben, den weißen Mann unbeliebt zu machen. Wir erwähnten schon, daß sie sich schließlich in ihrem Regierungssitz mehr als Belagerte denn als Beherrscher des Landes befanden; gerade wie es ihnen bei ihren Besitzungen an der Rifküste Marokkos ja auch geht. Als Christian die Ruinen von Metalanim besuchen wollte, schilderte ihm der Gouverneur von Santiago dies Unternehmen bei der Tücke der Eingeborenen als überaus gefährlich. Nach seinen Bemerkungen war ein leidlicher Friedenszustand überhaupt nur durch Tributzahlungen an hohe Häuptlinge von Ponape aufrecht zu erhalten. Christians trotzdem ausgeführte Expedition verlief jedoch nachher ohne alle Schwierigkeiten, und bei meiner Anwesenheit in Ponape mehr als ein Jahr nach der Übernahme der Inseln durch die deutsche Regierung war von einem Kriegszustande nicht das geringste mehr zu merken. Der Landeshauptmann Dr. Hahl wurde durch — allerdings hervorragend geschickte, das Maß des Erreichbaren richtig beurteilende — Palawer mit den Eingeborenen vollkommen auf gütlichem Wege fertig. Die Offiziere des „Seeadler", die, als ich mit ihnen in Samoa zusammentraf, einen längeren Aufenthalt innerhalb der Karolinen, insbesondere auf Ponape, hinter sich hatten, waren sogar ganz entzückt von dem Verkehr mit dem liebenswürdigen Volk. Ein ähnlicher Zug von warmer Begeisterung geht auch noch durch Sempers Bericht von seinem einjährigen Aufenthalt auf den Palau-Inseln.

Aus den überaus sorgfältigen und vorurteilslosen Schilderungen Kubarys, der bei seinen unvergleichlich langen und intensiven Studien als die erste Autorität in diesen Fragen angesehen werden muß, spricht allerdings eine sehr viel nüchternere Anschauung. Danach stecken doch hinter der durch die Liebenswürdigkeit wohl ausgebildeter Umgangsformen bestechenden Außenseite recht schwere Schäden, hervorgebracht hauptsächlich durch ungesund entwickelte soziale Einrichtungen. Ein Familienleben gibt es nach unseren Begriffen fast gar nicht. Männer und Frauen leben getrennt, selbst in der Ehe; die Männer in großen Klubhäusern, die Frauen in ähnlichen Einrichtungen. Nicht wirkliches inneres Interesse, sondern althergebrachte Sitte bindet die Stammesgenossen aneinander, Sitte umgibt das ganze Leben des einzelnen mit schwerem Zwang. Nicht poetische Liebesneigung ist der Hauptgrund des freien erotischen Verkehrs der Geschlechter, sondern gemeine Geldgier spielt — ganz im Gegensatz zu Samoa — erwiesenermaßen eine Hauptrolle bei der Hingabe des Mädchens. Konvention, Sucht nach Rang und Reichtum bestimmt so gut wie ausschließlich die Ehe.

* * *

Der Übergang der Karolinen-Inseln in deutschen Besitz ist nur der Abschluß einer langen Entwickelung gewesen. Das oftgenannte Haus Godeffroy hat auch hier die Vorherrschaft des deutschen Handels begründet. Von Samoa aus wurden von ihm Handelsstationen auf einzelnen Eilanden bis zu den fernen Palau-Inseln hin angelegt.

Nach dem Zusammenbruch der Firma setzte seine Erbin in Mikronesien, die Jaluitgesellschaft, diese Bestrebungen fort. Der deutsche Handel überwog in den Karolinen so weitaus den der übrigen Nationen, daß im Jahre 1885, als die Marshall-Inseln dem deutschen Besitzstand einverleibt wurden, der Gedanke nahe lag, die Schutzherrschaft auch auf die damals anscheinend herrenlosen Karolinen auszudehnen. Die Reichsregierung gab einem dahingehenden Antrag der Jaluitgesellschaft Folge und ließ am 25. August 1885 durch das Kanonenboot „Iltis" auf Jap die deutsche Flagge hissen.

Die Tat fiel wie ein Funke in ein Pulverfaß. Bis dahin hatten die Spanier keinerlei Hoheitsrechte auf den Inseln ausgeübt. Jetzt aber entstand in Madrid ein Volksauflauf, das deutsche Konsulat wurde beschimpft und in überhitzten Worten von einem Krieg gegen die Deutschen gesprochen. Bismarck, in richtiger Würdigung der Kleinheit des Objektes, ließ sich von dieser Erregung nicht fortreißen, sondern benutzte die Angelegenheit zu einem ihm damals willkommenen politischen Schachzug. Er übertrug dem Papste die Ehre des Schiedsgerichts, der die Inseln dann den Spaniern zusprach.

Nun sahen sich die letzteren um des Dekorums willen genötigt, einige wirkliche Kolonisationsanläufe zu machen. Neben einigen anderen Stationen wurde Santiago auf Ponape gegründet und unter feierlicher Proklamation der spanischen Herrschaft zum Sitz des neuernannten Gouverneurs bestimmt. Wir betonten aber schon, wie wenig die Spanier es verstanden, friedlich mit den Eingeborenen fertig zu werden. Die kurze Zeit der spanischen Herrschaft nahm bereits ganz deutlich den Anlauf zu einer so unheilvollen Entwickelung wie auf den Marianen. Natürlich war es wiederum zuerst eine Hauptsorge der Spanier, die Katholisierung zu befördern. Dies erregte zunächst den Grimm der bereits verbreiteten amerikanisch-protestantischen Missionen und half fernerhin nicht wenig zur Schürung der Feindseligkeiten zwischen den Eingeborenen und den Spaniern. Schon im Jahre 1887 brach ein schrecklicher Aufstand gegen diese auf Ponape los. Er begann mit der Niedermetzelung eines Detachements von Manila-Soldaten auf der Insel Tschokatsch, der sich dann eine Gesamterhebung der Bevölkerung Ponapes anschloß. Das spanische Fort Santiago wurde genommen, der Gouverneur nebst 70 Leuten ermordet. Dem Nachfolger gelang es, für ein paar Jahre Frieden wieder herzustellen, allein schon 1890 brach eine neue Rebellion aus, die nur nach erbitterten Kämpfen und unter schweren Verlusten der Spanier mit blutiger Härte beendigt werden konnte. Neue Zwistigkeiten werden aber bereits aus dem Jahre 1896 berichtet und wir betonten schon, daß in der letzten Zeit vor der Übergabe die Spanier mehr Gefangene als Herren ihrer Inseln waren.

Abb. 70. Farbige Arbeiter in Stephansort. (Zu Seite 111.)

So war es denn ein wenn auch nicht ehrenvoller, so doch noch recht vorteilhafter Abgang für sie, daß Deutschland bei der großen Liquidation des spanischen Kolonialreichs nach dem spanisch-amerikanischen Kriege im Jahre 1899 die Karolinen nebst den Marianen gegen eine einmalige Entschädigung von 16750000 Mk. übernahm.

Die politischen Grenzen dieses Gebietes wurden damals festgesetzt auf folgendes Geradviereck: Südgrenze der Äquator, Nordgrenze der 11. Breitengrad, Westgrenze der 130., Ostgrenze der 164. Meridian. Die in die Nordostecke dieses Gradtrapezes fallende Ujelanggruppe gehörte schon zu den deutschen Marshall-Inseln und verblieb politisch diesem Bezirk. Unterstellt wurden die neuen Inselerwerbungen der Regierung in Herbertshöhe und sind in drei voneinander unabhängige Verwaltungsgebiete geteilt: Marianen, Ostkarolinen, Westkarolinen; die Scheidelinie zwischen den beiden Karolinenbezirken bildet der 148. Meridian. Der Verwaltungssitz der Ostkarolinen ist Ponape, derjenige der Westkarolinen Jap.

Nach der letzten amtlichen Denkschrift für den deutschen Reichstag (Berichtsjahr 1901/02) gab es in dem politischen Bezirk der östlichen Karolinen im ganzen 88 weiße Ansiedler, von denen 52 auf Ponape, 17 auf Kusaie, 12 auf dem Ruk-Archipel und die übrigen einzeln zerstreut lebten. Der Nationalität nach stehen die Amerikaner (35) voran; dann folgen die Deutschen (23), Engländer (14) und Spanier (9). Unter den vertretenen Berufen wogen die Händler durchaus vor. Zur Anlage von europäisch geleiteten Plantagen bietet nur Ponape und Kusaie Raum, aber auch dort nur in beschränktem Umfang und da die Mikronesier ebensowenig zur Lohnarbeit zu haben sind, wie die Samoaner, so tritt auch hier die schwierige Frage der Arbeitereinfuhr hervor. Bei der Kleinheit der Areale und der Entfernung der Absatzmärkte ist eine Aufwendung größerer Kosten dafür nicht möglich. Auf den niedrigen Inseln wird man die Kultur ganz den Eingeborenen überlassen müssen. So wird das Gebiet seine wesentliche Entwickelung als Handelskolonie finden müssen, wie bisher. Der Wert der Einfuhr im Berichtsjahr der Denkschrift betrug rund 364000 Mk.; derjenige der Ausfuhr 365000, wovon allein 323000 auf Kopra kommen. Daneben führt man Steinnüsse, Schildpatt, Holz und Trepang aus.

Das Bezirksamt in Ponape bedarf, wenn man auch bisher friedlich ausgekommen, bei der Erregbarkeit der gut bewaffneten Eingeborenen doch dauernd einer kleinen Wacht- und Polizeitruppe, die zum Teil aus Malaien besteht.

Abb. 71. *Eingeborener von Bogadjim. (Zu Seite 111.)

Im Bezirk Westkarolinen sind 34 Weiße ansässig, von denen 12 Spanier sind. Von den übrigen sind 9 Deutsche und 5 Engländer.

Die Westkarolinen werden ganz ähnlich wie die östlichen im wesentlichen auf weitere Entwickelung des Handels hoffen müssen. Wie sehr freilich dieser Handel, dessen Hauptprodukt auch hier die Kopra ist, Schwankungen unterliegt, zeigt sich darin,

Abb. 72. Wasserfälle im Elisabethfluß, einem Nebenfluß des Gogol. (Zu Seite 112.)

daß eine seit 1895 aufgetretene Blattkrankheit der Palmen und eine ungewöhnliche Trockenheit während der ersten Hälfte des Jahres 1900 die Ausfuhr der Kopra vollkommen lahm gelegt hat. Die Bereitung mußte verboten werden, um nicht die Eingeborenen der nötigsten eigenen Nahrung zu berauben, ebenso das Fischen von Trepang, um die Bestände zu schützen.

Erfreulich ist sonst die Erfahrung, die das Bezirksamt mit der Bevölkerung von Jap macht. Diese bringt der Verwaltung großes Vertrauen entgegen. Jeder der acht Oberhäuptlinge des Inselbereichs stellte einen Mann zur Polizeitruppe, die mit Eifer ihre Landsleute zur Ableistung der öffentlichen Arbeiten anleiten. Diese bestanden vor allem in einem beträchtlichen Umfange in Wegebauten. Im Jahr 1899 wurden 43 km beschotterte Wege angelegt, die zum Teil in den Mangrovesümpfen schwierige Steindämme nötig machten. Der Hafen der Station wurde, wie der von Langer auf Ponape, mit Baken versehen. Auch die Palauleute zeigen sich ähnlich willfähig.

Der Handel in den Gesamtkarolinen liegt zu ca. 80 % in den Händen der Jaluitgesellschaft, die zahlreiche Händlerstationen auf den einzelnen Inseln besitzt und durch eigene Schiffe den Verkehr mit ihnen unterhält.

Der Verkehr der Karolinen mit der Außenwelt ist noch schlecht bestellt. Im Jahr 1900 richtete der Lloyd mit dem großen Dampfer „München“ versuchsweise eine vierteljährliche Verbindung von Sydney über Neu-Guinea, den Bismarck-Archipel, Ponape und Saypan, den Hafen der Marianen nach Hongkong und zurück ein. Später wurde Jap an die Stelle des zu weit abseits gelegenen Ponape gesetzt. Allein die Reise rentierte sich gar nicht, und als die „München“ bei ihrer dritten Fahrt auf ein Korallenriff am Hafeneingang von Jap auflief und nur mit großen Kosten wieder abgebracht werden konnte, gab die Gesellschaft diese Linie wieder auf.

Inzwischen hat die Jaluitgesellschaft gegen einen jährlichen Reichszuschuß von 120000 Mk. eine regelmäßige, etwa dreimal jährlich stattfindende Fahrt mit ihrem Dampfer „Oceana“ eingerichtet, die folgende Route nimmt: Sydney, Jaluit, Kusaie, Ponape, Ruk, Herbertshöhe und Matupi, Jap, Hongkong und zurück. Diese Fahrt ist zwar für den Schnellverkehr erheblich umständlicher, verbindet aber doch die Hauptinseln der Karolinen mit der Außenwelt noch besser, als die „München“ es tat. Sie zieht die Marshall-Inseln mit hinein, läßt aber allerdings dafür die Marianen aus, die wieder wie früher auf den unregelmäßigen Segelschiffsverkehr, vorwiegend von Jokohama aus, angewiesen sind.

So liegen die Karolinen-Inseln auch nach der deutschen Besitzergreifung noch ziemlich einsam im großen Weltmeer, und dem Reisenden und Forscher ist noch reiche Gelegenheit gegeben, einen der seltsamsten Teile der Erdoberfläche und eine der merkwürdigsten Völkerkulturen darauf zu studieren.

IV.

Die Marshall-Inseln.

Fahren wir von dem östlichsten Eckpfeiler der Karolinengruppe gerade nach Osten, etwa so weit, wie die Entfernung von Berlin nach Antwerpen beträgt, so erhebt sich vor uns aus der unermeßlichen Weite des Ozeans die Hauptinsel eines neuen Archipels, über dem die deutsche Flagge weht, Jaluit, der Sitz der Landeshauptmannschaft über die Marshall-Inseln. Freilich kann man kaum mit Recht das Wort „erhebt“ gebrauchen, denn nur wenige Fuß über den Flutstand des Merres ragt das bewohnbare Land empor.

Abb. 73. Friedrich Wilhelmshafen. (Zu Seite 112.)

Schön in seiner klassischen Einfachheit schildert Franz Hernsheim den ersten Anblick dieser Koralleninseln: „Die Luft war von jener wunderbaren Klarheit, wie man sie nur in den Tropengegenden kennen lernt und ließ uns bald in den Wellenlinien am Horizonte Palmenwipfel erkennen; schnell kamen wir näher, schon hob sich der hellblinkende sandige Strand klar von dem dunkeln Gebüsche ab, die weißschäumende Spitze der Brandung wurde sichtbar, aber noch immer blieb der Palmenhain ohne jeglichen Hintergrund.“

Der Archipel wurde bereits 1529 von Saavedra auf seinem bekannten Versuch, von den Philippinen ostwärts nach dem spanischen Amerika zurückzugelangen, berührt, später jedoch wieder vergessen. Fast anderthalb Jahrhunderte später wurden sie wieder aufgefunden, aber erst 1788 durch den englischen Kapitän Marshall näher bekannt gemacht. Nach diesem erhielten sie ihren Namen. Die genauere Erforschung gehört erst den letzten Jahrzehnten an und ist sehr wesentlich der Förderung durch die deutschen Handelshäuser Godeffroy und Hernsheim sowie der Tätigkeit der deutschen Marine zuzuschreiben.

Die Marshall-Inseln bestehen durchweg aus reinen Korallenbauten; nirgendwo ragt aus der Tiefe eines jener Vulkanhäupter, wie wir sie in den Karolinen-Inseln finden,

Abb. 74. Halbinsel Jap, Friedrich Wilhelmshafen. (Zu Seite 112.)

Abb. 75. Das Hôtel in Friedrich Wilhelmshafen. (Zu Seite 112.)

bis an die Oberfläche des Meeres empor. Die Sonde erkennt, daß die Gruppe auf einen gemeinsamen unterseeischen Rücken von 2—3000 m Tiefe unter der Meeresoberfläche aufgebaut ist, der Fortsetzung eines Erhebungsrückens, der von Süd-Südosten über die Ellice- und Gilbert-Inseln heranzieht, und wahrscheinlich haben wir auch hier wie in den übrigen Gebieten des Großen Ozeans in diesem Rücken das Dach eines versinkenden Gebirges zu erkennen, von dem nur noch die Zinnen der auf seinen Gipfeln von unbekannter Höhe aufgebauten Korallenkränze der Oberwelt Kunde geben. Eine tiefere Rinne scheint der Länge nach den Rücken noch in zwei besondere Streifen zu gliedern. Dementsprechend sammeln sich die Atolle der Marshall-Inseln in zwei in südost-nordwestlicher Richtung angeordneten Streifen, deren östliche Ratak, d. h. Inseln gegen Morgen, deren westliche Rälik, Inseln gegen Abend, heißt. Die erstere besteht aus 15, die zweite aus 18 Kranzriffen von sehr wechselnder Gestalt und Größe. Zahllose Inseln und Inselchen liegen auf diesen Riffkränzen verteilt, gelegentlich bis zu 80 auf einem Atoll, deren Flächeninhalt aber insgesammt doch nur auf 415 qkm, den Raum des Staatsgebietes der freien Stadt Hamburg, berechnet wird. Auch die weit südlich außerhalb der eigentlichen Marshallgruppe gelegene Insel Nauru ist hierbei mit hinein gerechnet.

Alle möglichen Gestaltungen und Entwickelungsstadien der Atollbildung sind dabei vertreten und geben dem Anhänger der Darwinschen Korallentheorie Zeugnis von der auch heute noch andauernden Versenkung des Untergrundes.

Die Lagune der steil aus purpurnen Meerestiefen aufsteigenden Gebilde pflegt im Innern 30—50 m tief zu sein und in der Regel durch mehrere tiefe Passagen den Schiffen den Einlaß in ihren wohlgeschützten Bereich zu gewähren (Abb. 60). An der Außenseite der Riffe steht fast unausgesetzt eine starke Brandung, deren Schaum, wie Finsch mit einem, das schöne Bild Hernsheims treffend ergänzenden Zuge sich ausdrückt, gleich dem weißen Rauch einer Lokomotive am Fuße des hintergrundlosen Palmenwaldes dahinsaust. Durch die Passagen fließt, je nach Ebbe oder Flut, ein aus- oder eingehender Meeresstrom. Selten nur ragt irgendwo der im Laufe der Zeitalter durch Wind und Wellen hier an einzelnen Stellen zusammengewehte und zu Inseln gestaltete Korallenschutt höher als 4 m über den höchsten Flutstand. Nur auf wenigen Punkten, z. B. auf der Insel Likieb, hat sich der Korallensand zu kleinen Dünenhügeln von 10—12 m Höhe emporgetürmt, die zum Teil bewachsen, kleine Miniaturtäler zwischen sich bergen und schon im stande sind, süßes Grundwasser zu bilden. Armselig ist die Natur der Inseln, deren mit scharfen Klippen durchsetzter oder aus Rollstücken zusammengetragener Boden nur besonders anspruchslosen Pflanzen Nahrung gewährt. Über kurzem Grase, kriechendem Schlinggewächs und buschigem Gestrüpp erheben sich die losen Haine der drei Charakterbäume all dieser Inseln, der Kokospalme, des Brotfruchtbaums und des Pandang (Pandanus odoratissimus). Ähnlich arm ist die Tierwelt, die an Säugetieren nur freiwillig oder unfreiwillig eingeführte Arten: Hunde, Katzen, Schweine, Ratten und Mäuse, enthält. Nur zwei Landvogelarten, eine Taube und ein Kuckuck, haben den Weg bis hierher gefunden, doch passieren ungeheure Schwärme wandernder Enten alljährlich die Inselgruppe, Strand- und Schwimmvögel, wie Regenpfeifer, Strandläufer, Reiher, Seeschwalben und Möven haben in großen Mengen ihre Nester auf den kleinen Buschinseln. Auch Reptilien und Insekten sind sparsam vertreten. Reich dagegen ist das Meer an Fischen und Krustentieren.

Das tropische Klima der Marshall-Inseln ist bei ihrer ozeanischen Lage ungemein gleichmäßig, in Jaluit 27° C. im Mittel, und äußerst feucht. Der erstaunlich starke Regenfall, der auf $4^1/_2$ m im Jahre berechnet wird, ist sehr gleichmäßig über das Jahr verteilt, zum Glück für die Inseln, denn an natürlichen Quellen fehlt es in dem lockeren, engbegrenzten Boden so gut wie ganz. Pflanzen- und Tierwelt, wie auch der Mensch sind angewiesen auf das Regenwasser. Die Bewohner sammeln es in großen Gruben und haben sich daran gewöhnt, auf den rasch brakig werdenden Geschmack desselben nicht zu achten. Vom Dezember bis April weht tagaus, tagein der Nordostpassat; vom Mai bis November treten wechselnde östliche und südöstliche Winde auf, so daß die Luftströmungen auf den Marshall-Inseln fast stets aus dem östlichen Quadranten kommen. Nur zeitweilig, besonders vom August bis November, treten Südweststürme auf, oft von solcher Heftigkeit, daß die Brandungswogen sich über die kleineren Inseln zerstörend hinwegwälzen.

Für die weißen Ansiedler ist die dauernd hohe Lufttemperatur und die große Feuchtigkeit bei längerem Verweilen nicht günstig. Sie befördert Herz- und Nierenleiden und rheumatische Affektionen, sowie rapiden Verlauf vorhandener Lungentuberkulose. Dagegen sind andere Tropenkrankheiten wenig bekannt; die gefährliche Malaria fehlt ganz.

Die wichtigere Inselreihe ist die westliche. Sie beginnt im Süden mit dem fruchtbaren Ebon (Abb. 61). Etwas weiter nach Norden gelegen, aber auch noch zu den südlichsten Inseln der Gruppe gehörig ist das vielgenannte Atoll Jaluit. Es ist 8 Seemeilen breit, 20 lang und trägt auf dem Rücken seines Korallenriffes 55 kleine Inseln, die sich nirgends mehr als 10 Fuß über die Hochwasserlinie erheben (Abb. 62). Unter ihnen ist die Insel Jabwor an der südlichsten der sechs Passagen gelegen, der Sitz der Regierung und die größte europäische Ansiedelung. Sie zieht sich längs des Strandes an der inneren Seite dahin. Mit ihren sauberen Kieswegen, ihren hübschen Häusern und wohlgehaltenen Gärten macht sie einen überaus freundlichen Eindruck (Abb. 63). Hinter ihr versteckt sich unter Kokospalmen das Eingeborenendorf. Die von dem Atollring eingeschlossene Lagune ist einer der schönsten und sichersten Häfen der Südsee.

Im allgemeinen gelten die südlichen Inseln noch für erheblich fruchtbarer und üppiger, als die weit hinaus in den inselleeren Ozean

Abb. 76. * Wohnung des Kaiserlichen Richters. Friedrich Wilhelmshafen. (Zu Seite 112.)

vorgeschobenen nördlichen. Das ist der Grund, weshalb sie bisher der Hauptsitz des europäischen Handels und des europäischen Einflusses gewesen sind.

Etwas abweichend gestaltet ist die merkwürdig einsame Insel Nauru am Äquator, die etwa 10 Seemeilen im Umfang hat und von nahezu kreisförmiger Gestalt ist. Sie erhebt sich terrassenförmig von drei Bergspitzen gekrönt zu 50—60 m Höhe, die aus höhlenreichen Kalkfelsen aufgebaut sind; nur eine dünne Humusschicht bedeckt den Boden, auf dem ein loser Pflanzenwuchs Wurzel findet, besonders Pandanus und Kokospalmen.

Die Bevölkerung, die sich auf diesen Atollen angesiedelt hat, wird zu den Mikronesiern gerechnet, doch sind die hervorragendsten Kenner sich noch nicht einig über ihren eigentlichen Grundstock. Die einen bringen sie in nächste Verwandtschaft mit den Karolinern, die anderen mit den Polynesiern. Ihre Zahl wird offiziell auf 15000 angegeben, doch ist eine solche Volkszählung immer mit Vorsicht aufzunehmen. Hernsheim berichtet amüsant, welch eine Schwierigkeit es schon machte, nur die Kopfzahl von Jaluit hinreichend sicher zu ermitteln, da der Südsee-Bewohner von hohen Zahlen kaum irgend einen deutlichen Begriff hat. Man mußte von jeder der 30 bewohnten Inseln des Atolls einige Leute kommen und sie die bei ihnen wohnenden Personen mit Namen aufzählen lassen.

Sicher ist jedenfalls, daß die Inseln ungemein dicht bevölkert sind, bis an die Grenze der Lebensmöglichkeit. Bestand doch früher ein Gesetz, wonach jedes über die Dreizahl hinausgehende Kind in einer Familie getötet werden mußte, um einem noch größeren Anwachsen der Bevölkerung vorzubeugen. Heutzutage ist das nicht mehr zu befürchten; im Gegenteil, wie auf den Karolinen ist die Bevölkerung in Abnahme begriffen. Die Gründe dafür sind im wesentlichen wie dort: große Unsittlichkeit und verfrühter geschlechtlicher Verkehr und verstärkte Disposition zu Erkältungskrankheiten

Abb. 77. Kanus von Bili-bili am Strand von Bogadjim. (Zu Seite 112.)

Abb. 78. Im Dorfe Siar, Prinz Heinrichshafen. (Zu Seite 113.)

durch die ihnen aufgeredete europäische Tracht. Auf den nördlichen Inseln, die ursprünglicher geblieben sind, gelten die Eingeborenen für erheblich gesunder und kräftiger, und von der isolierten Insel Nauru berichtet die letzte Denkschrift der Regierung aus dem Jahre 1890—1901 einen Zuwachs von 1318 auf 1476 Personen und sie führt diese Vermehrung ausdrücklich zurück auf die sorgfältige Absperrung vom Verkehr mit den durch Krankheit verseuchten Marshall-Insulanern, und zweitens auf den Umstand, daß die Nauru-Leute die Sitte, den Körper mit Kokosnußöl einzureiben und als Bekleidung nur einen Grasschurz zu tragen, noch nicht aufgegeben haben.

Körperlich sind die Marshall-Insulaner von schlankem, mittlerem Wuchs und schmutzigbrauner Hautfarbe, die vom Gelbbraun bis zum dunkelschokoladenfarbigen Ton wechselt. Das schwärzliche, meist straffe Haar wurde früher lang getragen, jetzt ist es im Bereich des missionarischen Einflusses auf den südlichen Inseln stets abgeschoren. Die Stirn ist zurückfliehend, die Backenknochen treten etwas hervor, die Nase ist meist flach und breit, doch kommen auch schmale und gekrümmte Formen — vielleicht melanesischer Einfluß — vor. Die Augen erscheinen dagegen wieder oft geschlitzt und etwas schief gestellt, wie es bei der mongolischen Rasse charakteristisch ist. Stark entwickelt ist auch hier die Sitte, die Ohrläppchen aufzuschlitzen und sie durch hineingesteckte Blätter so weit aufzuweiten, daß sie bis auf die Schulter hinabreichen. Gelegentlich veranlaßt die Eitelkeit sogar noch einen Streifen der Backenhaut hinzu zu nehmen, um eine noch größere Ausdehnung zu erzielen. Die reiche Tätowierung, die bei den Marshall-Insulanern den größten Teil des Körpers in Anspruch nimmt, ist ebenfalls durch die Mission eingeschränkt, aber noch nicht verschwunden. Wie auf anderen Inseln ist das Einätzen der aufgezeichneten Muster eine monatelange, schwierige und oft gefährliche Operation; nachher heben sich aber die blauen Muster sehr gefällig von der braunen Haut ab.

Die ursprüngliche Kleidung des Marshall-Insulaners, die weiter entfernt von den Hauptpunkten des europäischen Einflusses noch vorkommt, ist ein Bastrock, der über einen dicken geflochtenen Gürtel befestigt wird, so daß er weit und luftig von dem Unterkörper absteht. Die Frau, deren Gestalt kleiner und zierlicher ist, mit in der Jugend schönen runden Gliedmaßen und wohlgeformtem Busen, die aber leider rasch altert, trägt in der

Abb. 79. Strandszene auf der Insel Guap, Dallmannhafen. (Zu Seite 113.)

Jugend nur eine Mattenschürze, später einen aus zwei Matten gebildeten Rock; der Oberkörper bleibt unbedeckt, wo nicht das Christentum eine Kattunjacke vorschreibt.

Merkwürdig schwanken, ähnlich wie bei den Karolinern, die Urteile über den Charakter der Eingeborenen, selbst bei langjährigen, mit ihnen wohlvertrauten Kennern. Die einen nennen sie hinterlistig, die anderen gutmütig, die einen freigebig, die anderen geizig, die einen gastfreundlich, die anderen ungastlich, die einen räuberisch, die anderen kindlich-gutmütig zc. Vielleicht trifft der letzte Ausdruck das Richtige, insofern als jeder wirkliche Kenner der Kinder wohl weiß, wie unverhüllt die natürlichen selbstischen Triebe aller Lebewesen, die Anlage zu Neid, Grausamkeit, Habgier und List neben den uns so wohlgefälligen Zügen der Kindesseele bei ihnen hervortreten.

Die Kunstfertigkeit des Volkes ist erheblich geringer als auf den Karolinen. Schon ihre Wohnungen sind meist ärmliche, niedrige kleine Hütten, ohne Schmuckwerk. Vier Pfosten tragen ein etwa meterhohes Pfahlgerüst. Darauf liegt meist unmittelbar ein Satteldach, das häufig sich bis zum Erdboden hinab erstreckt. Dach und Giebelwände sind aus Pandanusblättern gebildet, die an dünne Stäbe befestigt werden. Die Dachfirst und die Giebel der Wetterseite verstärken grobe Palmblattmatten. Das Sparrenwerk des Hauses ist ziemlich schwächlich, mit Kokosbast zusammengebunden. Eine Feuerstelle, oft ein kleines überdachtes Kochhaus liegt daneben. Das Innere pflegt aus zwei Räumen zu bestehen, deren oberer einigen spärlichen Hausrat enthält. Sie sind so niedrig, daß man nicht in ihnen stehen kann, eigentlich nur Unterschlupfe für die Nacht. Nur auf Jaluit gibt es schon Bretterwohnungen für die Häuptlinge. Die ehemalige Industrie, welche Matten, Fischereigerät, einheimische Kleidungsstoffe anfertigte, ist auf den südlichen Inseln stark zurückgegangen. Die europäische Einfuhr von Werkzeugen und Stoffen hat auch hier die eingeborene Trägheit vermehrt. Auf den nördlichen Inseln ist dieser zerstörende Einfluß bisher geringer geblieben.

Die Nahrung der Marshall-Insulaner besteht vorwiegend aus Pflanzenkost, nur bei Festen wird ein Schwein geschlachtet. Fische und Krebse werden über Erdlöchern auf rostartig darüber gelegten Stäbchen frischen Holzes gebraten, wie Hernsheim erzählt, ohne daß man sie von Schuppen oder Eingeweiden reinigt. Aus der Frucht des Pandanus bereitet man eine süße Konserve.

Ein großes Ereignis ist stets der Fischfang, der mit Netzen, Angeln und Reusen, zur Nachtzeit auch mit Fackeln, betrieben wird. Zu bestimmten Jahreszeiten tritt eine kleine Sardinenart in mächtigen Schwärmen in die Lagune. Ein Wächter von hohen Kokospalmen aus erkennt den Zug der Fische aus weiter Entfernung. Dies gibt die Veranlassung zu einem großen, volksfestartigen gemeinsamen Fischzug, bei welchem alle Standesunterschiede schwinden. Mit Kanus werden die Fische dem Lande zugetrieben; sind sie auf etwa hundert Schritt nahe herangekommen, so watet alles, was Beine hat, in das Wasser und bildet eine lange Kette, welche dem Fisch den Rückweg verwehrt. Hier hält man ihn fest, bis Ebbe eingetreten ist und nur noch ein paar Zoll Wasser auf dem Riff steht. Endlich gibt der Häuptling das Zeichen und nun stürzt sich alles auf die sichere Beute, um sie mit den Händen, mit kleinen Netzen, mit ihren Strohhüten oder den rasch abgebundenen Mattenschürzen oder auch mit kleinen Spießen zu fangen.

Eine Kunst, die auf den Marshall-Inseln zur höchsten Vollkommenheit entwickelt war, hat sich bis auf den heutigen Tag erhalten, wenngleich auch ihre Verwendung bei weitem nicht mehr den Umfang hat wie früher: der Bau der Kanus und die Schiffahrt damit. Der Marshall-Insulaner baut sein Kanu nicht aus einem Baumstamm, sondern setzt es aus mehreren Teilen auf eine, angesichts der Primitivität seiner Werkzeuge, überraschend geschickte Weise zusammen. Es ist sehr hoch und scharf gebaut, nur wenige Fuß breit und mit dem zehn bis fünfzehn Fuß von ihm entfernt laufenden Ausleger in der üblichen Weise verbunden. Auch hier wird die Neigung eines solchen Fahrzeuges, sich durch den Widerstand des Auslegers im Kreise herum zu bewegen, dadurch vermieden, daß der dem Ausleger zugekehrten Seite des Kanus eine konvexe Form gegeben wird, während die äußere, dem Ausleger abgewendete, gerade verläuft. Man sitzt nicht in dem Kanu selbst, sondern auf einer Plattform, die in der Mitte angebracht ist und nach rechts und links weit über den Bord vorragt. Sie ist geräumig genug, um, wenn nötig, zwei kleine Häuschen darauf anzubringen, in dem sechs bis acht Männer bei schlechtem Wetter Unterkunft finden können. Der bewegliche Mast erhebt sich nicht genau über der Mitte des Kanus, sondern auf der Plattform über dem Wasser etwas nach dem Ausleger zu. Das dreieckige Mattensegel wird mit seinem unteren Ende an dem

Abb. 80. *Eingeborene der Astrolabe-Bai. (Zu Seite 115.)

schön geschnitzten hinteren Schnabel befestigt. Beim Kreuzen muß für jede Wendung, wie auf den Karolinen-Inseln, das ganze Schiff gedreht werden. Gesteuert wird mit einem einfachen großen Handruder. Mit diesen Fahrzeugen unterhalten die Marshall-Insulaner noch heute einen regen Verkehr zwischen den Inseln ihres Archipels, denn wie auf Samoa, so ist auch hier das Reisen und Besuchen eine Volksleidenschaft. Da die Inselchen der Gruppe so niedrig und weit zerstreut sind, so kann man nur selten ein Atoll vom anderen aus sehen, und früh hat sich deshalb die Notwendigkeit zu einer gewandten Orientierung nach Gestirnen, Wind und Seegang herausgebildet und eine genaue Kenntnis der gegenwärtigen Lage der einzelnen Inseln, welche zu der Konstruktion der bereits besprochenen, höchst eigentümlichen Stäbchenkarten führte. Für eine der größeren Reisen innerhalb des Archipels wurden gutes Wetter und guter Wind abgewartet, und dann fuhr man in der bekannten Richtung zwei bis drei Tage lang vorwärts. Hatte man bis dahin das Land nicht gesehen, so kehrte man hart beim Winde wieder um. Freilich mißlang auch gelegentlich das Wiederfinden des Ausgangspunktes, und zahlreich sind die Beispiele, wo die Marshall-Insulaner weit hinaus verschlagen worden sind; bis zu den westlichen Karolinen kennt man die Fälle, daß ihre Kanus mit halbverhungerten Insassen dort angetrieben wurden. Ein verhängnisvolles Abirren nach den insellosen Weiten östlich und nördlich der Marshall-Inseln ist bei der Beständigkeit der Windrichtung aus der östlichen Himmelshälfte wahrscheinlich selten vorgekommen.

Leider geht auch hier die Kunst mit dem Eindringen der Europäer reißend zurück; nur selten unternehmen die Marshaller noch große Reisen auf ihren eigenen Booten, und nur wenige alte Leute verstehen heute noch die einheimischen Seekarten und können ihren Gebrauch erklären.

Noch lebendig ist im Volk eine streng gegliederte Rangabstufung nach vier Ständen. Am niedrigsten steht der Kajur, der besitzlose Mann, der sein Land nur vom Häuptling zur Bebauung erhält und ihm dafür einen Teil des Ertrages abzugeben hat. Er darf nur eine Frau haben, und auch diese kann sich gelegentlich der Höherstehende aneignen, während dessen Weib für ihn so unnahbar ist, daß er es nicht einmal ansprechen darf. Die nächste Kaste sind die „Gemeinfreien", Leadagebak genannt. Sie verfügen über eigenen Besitz, haben mehrere Frauen und die Kajur müssen ihnen fronen. Die dritte Kaste, die Burak, umfaßt die Familien der Oberhäuptlinge, die vierten endlich sind die Irodj, die aus ihrer Mitte den König wählen.

Abb. 81. *Papuanischer Stutzer an Bord der „München" in Friedrich Wilhelmshafen. Neu-Guinea. (Zu Seite 115.)

Wie meist im Bereich Mikronesiens vererbt sich die Kaste von der Mutter her, nicht vom Vater. Die wirkliche Macht des Königs ist aber auch hier, wie überall, gering; der eigentliche Einfluß liegt bei den Häuptlingen der einzelnen Inseln. Auch diesen aber stehen beratende Versammlungen, oft mit der eigentlich entscheidenden Macht, zur Seite. Die Rälik-Kette ist seit 1845 unter einem König vereinigt gewesen, in der Ratak-Kette war das bisher nicht der Fall.

Abb. 82. Kanu in der Astrolabe-Bai. (Zu Seite 112.)

Die Stellung der Frau auf den Marshall-Inseln ist ziemlich hoch; wie auf Samoa fallen ihnen nur die leichteren Arbeiten zu, und Schmuck und Tanz spielen in ihrem Leben eine Hauptrolle. Ihre Moral aber ähnelt mehr der der Karolinen-Inseln. Vor der Ehe ist ihnen die absoluteste Freiheit gegeben, ihren Neigungen und Trieben zu folgen.

Für ihre endlosen Feste und Spiele geben, wie Hernsheim anmutig schildert, alle möglichen selbst geringfügigen Ereignisse: Ankunft oder Abreise von Freunden, Geburt und Tod, Regen oder Dürre, die Vollendung eines Bootes oder Hauses, ein guter Fischfang, eine schöne Mondnacht u. dergl. die höchst erwünschte und nie versäumte Veranlassung. Auch hier ist im Volk noch die Erfindungskraft für eigene Musik und Dichtung fast jedem einzelnen lebendig. Das unbedeutendste Ereignis wird in ein Lied gebracht, das dann von Mund zu Mund wandert. Für uns, denen diese Fähigkeit einer jugendlichen Entwickelungsstufe abhanden gekommen ist, hat das einen überaus hohen Reiz.

Die Gruppe bildet seit der Proklamation der deutschen Herrschaft eine selbständige Landeshauptmannschaft mit dem Sitz in Jaluit. Ihre finanzielle Unterhaltung, soweit sie nicht durch die Steuern gedeckt wird, fällt nach Reichsvertrag der kaufmännischen Jaluit-Gesellschaft zu, auf deren Antrag einst das Reich die Schutzherrschaft übernahm. Das Eingehen dieser Steuern geht in erfreulicher Regelmäßigkeit vor sich und mit überraschend gutem Ertrag.

Die Ausfuhr der Inseln besteht heute so gut wie ausschließlich aus Kopra. In der Zeit vom April 1901 bis April 1902 hatte die Gesamtausfuhr einen Wert von 676000 Mark, die Einfuhr 634000 Mark. Die Kopra wird teils von den Eingeborenen selbst gewonnen, teils hat die Jaluit-Gesellschaft auch eigene Plantagen eingerichtet, so auf der Insel Udjelang und auf Likieb. Leider stehen der weiteren Ausdehnung dieser Anlagen die Kleinheit der Inseln und ihre Übervölkerung entgegen, welche den Eingeborenen nur selten gestattet, Land zu verkaufen.

V.
Die Marianen.

Obwohl die Marianen bereits auf der Reise des Ferdinand Magalhães, also am frühesten unter allen Inselgruppen der Südsee, entdeckt wurden, sind sie doch heut noch

Abb. 83. Dorf. Astrolabe-Bucht. (Zu Seite 116.)

eine der am wenigsten beschriebenen und unter den deutschen Besitzungen derjenige Teil, der am meisten vom Weltverkehr fernliegt. Als der Reichspostdampfer „München“ im Sommer 1900 seine Fahrten durch die deutsche Südsee-Inselwelt begann, lief er auch die Marianen an, aber bereits nach der zweiten Fahrt wurde diese Gruppe zu Gunsten der westlichen Karolinen wieder aufgegeben.

Es war die Insel Guam, auf der Ferdinand Magalhães am 6. März 1521 nach seiner dreimonatlichen Fahrt durch die Südsee landete und wo zum erstenmal ein Europäer in Verkehr mit Südsee-Insulanern trat. Diese erste Anknüpfung war allerdings keine besonders glückliche. Die Bewohner kamen auf zahlreichen kleinen Segelbooten heran, die sie mit gleicher Geschicklichkeit nach vorwärts und rückwärts steuerten und die so pfeilschnell über die See hinstrichen, als ob sie flögen. Die Segel dieser Schiffchen hatten eine dreieckige Form, und Magalhães benannte die Inseln danach zuerst Islas de las velas latinas: „die Inseln der lateinischen Segel“. Zutunlich stiegen sie an Bord, benahmen sich aber im Punkt des Mein und Dein äußerst ungeniert. Was ihnen wohlgefiel, eigneten sie sich offen oder heimlich einfach an. Als sich diese Tätigkeit aber zuletzt sogar auf ein größeres Boot erstreckt hatte, das sie an das Ufer entführten, riß Magalhães die Geduld, er zerstörte ihr Dorf und ihre Pflanzungen und tötete eine Anzahl von ihnen. Von diesem Vorfall empfing die Inselgruppe dann den Namen der Diebesinseln oder Ladronen.

Nachdem sie dann den Spaniern längere Zeit als flüchtig berührte Station auf ihrem Wege zwischen Amerika und den Philippinen gedient hatten, wurden sie im Jahre 1688 formell als Kolonie besetzt und nach der Königin Maria Anna, der Witwe Königs Philipp IV. mit den heutigen Namen Marianen belegt. Mit den Karolinen zusammen fielen sie 1899 durch Kaufvertrag an Deutschland.

Die Marianen bilden einen flachen, nach Westen geöffneten, regelmäßig wie mit einem Zirkel gezogenen Bogen, der sich zwischen 145 und 146° östlicher Länge und 13—21° nördlicher Breite nahezu 1000 km lang dahinzieht. Unter ihnen ist freilich die südlichste und bedeutendste Insel, das genannte Guam, leider nicht an Deutschland gefallen; die Amerikaner hatten sie im spanischen Kriege durch Überfall besetzt und behielten sie nebst der Nachbarinsel Rosa beim Friedensschlusse, um sie als einen Stützpunkt auf dem Wege nach den Philippinen zu benutzen.

Sehr bezeichnend für die Weltverlorenheit der Inseln ist die interessante Tatsache, daß die spanische Garnison, als das Kriegsschiff der Amerikaner vor Guam erschien, noch keine Ahnung von dem Ausbruch des Krieges hatte. Der spanische Befehlshaber machte mit seinen Offizieren einen höflichen Besuch an Bord, um die Amerikaner zu begrüßen. Er wurde mit den Seinen in liebenswürdigen Formen zur Tafel geladen, als er aber nach derselben sich empfehlen wollte, wurde ihm eröffnet, daß man seine dauernde Anwesenheit als — Kriegsgefangener wünsche.

Die gesamten Inseln erheben sich auf einem unterseeischen Rücken, welcher über die Bonin-Inseln von Japan in ungefähr nordsüdlicher Richtung heranzieht. Eine Meerestiefenkarte zeigt östlich und westlich davon in kurzer Entfernung sehr tiefes Meer, bis zu 6000 m; im Süden endigt der Rücken sogar an der schon genannten grabenartigen Einsenkung, die zu den tiefsten bisher bekannten Stellen der Erdoberfläche gehört und ihn von dem Erhebungsstreifen der Karolinen vollständig scheidet. Die Oberfläche des Rückens selbst reicht nirgends unter 1000 m herab. Wir sehen also in den Marianen einen lang hingezogenen unterseeischen Gebirgszug vor uns, ungefähr von der Länge der Alpen, von dem nur die höchsten Gipfel in der Gestalt unserer Inseln über die Oberfläche des Meeres emporragen. In Richtung und Gestalt ähnelt dieser Inselbogen augenscheinlich weit mehr den Inselguirlanden, die den Ostrand Asiens begleiten, als den bisher betrachteten Inselschwärmen Polynesiens und Mikronesiens.

Einige der Inselgipfel sind nur oder fast nur die Kronen von Korallenkalk, welche den untergetauchten Berghäuptern aufgesetzt sind, andere steigen als rauhe Vulkankegel Hunderte von Metern über das Meer empor, teils einzeln, teils zu Gruppen vereinigt. Der Vulkanismus ist hier noch besonders jung. In der nördlichen Abteilung begegnen wir mehreren noch heute tätigen Vulkanen; in der südlichen sind sie erloschen, und eine starke Umgürtung mit lebenden Korallenriffen deutet auf eine bereits länger dauernde Ruhe hin. Auch die über die See erhobenen basaltischen Vulkanberge sind oft bis oben hinauf mit älteren Korallenfelsen besetzt. Beide Gesteine verwittern gemeinsam zu einem schweren roten Ton, der sich in den Tälern und auf den Stufen der terrassenförmig abwitternden Bergkegel aufhäuft.

Die Gesamtheit der Inseln hat einen Flächeninhalt von 1140 qkm, das heißt ungefähr die Größe des Fürstentums Waldeck. Davon entfällt allerdings fast die Hälfte (514 qkm) auf das amerikanische Guam. Siebzehn Inseln setzen die Reihe zusammen. Von den beiden an Amerika gefallenen ist Santa Rosa, die südlichste Insel, lediglich ein Riff, während sich auf Guam einige Gipfel von Basalt und Tuff über flacheren Plateaus bis zu 400—500 m Höhe erheben. Jenseits eines 50 km breiten Meereskanals beginnt die deutsche Inselreihe. Die südlichste Insel Rota (114 qkm), die ganz aus Madreporenkalkstein gebildet wird, erreicht eine Höhe bis zu 600 m und ist rings mit Riffen umgeben. Ihre Oberfläche ist mit dichtem Wald bedeckt und nur in zwei Dörfern finden sich Einwohner, die im Jahre 1900

Abb. 84. Mädchenschmuck. Neu-Guinea. (Zu Seite 116.)

die Zahl 491 erreichten. Die nächstfolgende, Aguijan, 12 qkm groß, ist ein schroff abfallender, dicht bewaldeter, heute unbewohnter Felsen. Dann folgt Tinian (130 qkm), ein flachhügeliges Gelände aus Madreporenkalk, der bis zu 150 m anzusteigen scheint und in steilen, von gefährlichen Riffen umgebenen Gehängen gegen das Meer abbricht. Dichter Wald bedeckt die Höhe, Gestrüpp und Weideland die niedrigen Teile, die zur Viehzucht sehr geeignet sind. 234 Einwohner wurden 1900 gezählt, die meist in dem Dorfe Sunharon lebten.

Die größte der deutschen Inseln ist Saipan (185 qkm), und der Regierungssitz der Marianen. Das Eiland besteht größtenteils aus einem niedrigen, bis etwa 150 m hohen Hügellande, über dem sich im nördlichen Teil der Vulkankegel Tapachao bis zu 500 m Höhe erhebt. Die Einwohner der Insel, zuletzt 886 an Zahl, wohnen in zwei Dörfern, Anaguan und Garapan, die beide an dem flachen Westufer der Insel gelegen sind. Die ganze Ostseite der Insel ist unbewohnt. Die genannten vier Inseln pflegt man als die südliche Gruppe der deutschen Marianen zusammenzufassen. Ein wenig breiter Meereskanal unter dem 16. Breitengrad trennt sie von der nördlichen Gruppe. Wirtschaftlich bildet die Südgruppe unfraglich den wichtigsten Teil des deutschen Besitzes in den Marianen. Ihr Flächeninhalt übertrifft den der übrigen Inseln ganz erheblich und mit ihrem fruchtbaren Boden bilden sie den eigentlichen Platz für Ansiedelung und künftige Bewirtschaftung.

Die Eilande der nördlichen Gruppe sind mehr oder weniger unfruchtbare, fester Besiedelung fast ganz entbehrende Felsgebilde, deren Vulkanismus wie bemerkt zum Teil noch tätig ist. Es sind die folgenden: 1. Farallon de Medinilla, ein nur 2 qkm großer nackter Felsen. 2. Anataxan, 20 qkm groß, 375 m hoch, ein steiler, vielleicht noch tätiger Vulkan. 3. Sarigan, 59 qkm, ein einziger, 600 m hoher erloschener Vulkan, dessen Flanken längst mit Vegetation bedeckt sind. 4. Piedras de Torres, eine unterseeische Bank mit drei gefährlichen Klippen. 5. Guguan, 7 qkm, ein steiler, hafenloser, unfruchtbarer Felsen. 6. Alamagan, 8 qkm, der höchste Gipfel unter den Marianen (706 m), mit noch rauchendem Krater. 7. Pagan, das einzige, umfangreichere Eiland in der nördlichen Reihe (100 qkm), erscheint von weitem wie zwei Inseln, die in der Nähe aber sich durch eine niedrige Landbrücke vereinigt zeigen, und aus zwei bis gegen 300 m emporsteigenden Vulkanen bestehen, aus deren westlichstem beim Besuch des Admirals Knorr leichter Rauch aufstieg. Auch heiße Quellen sind beobachtet. 8. Agrigan, 32 qkm, nur von verwilderten Haustieren bewohnt, zu deren Jagd gelegentliche Besucher herüberkommen. 9. Assumption oder eigentlich Assongsong, 8 qkm, ein einziger, steil aufsteigender Vulkan, in dem die Beobachtungen des letzten Jahrhunderts einen periodisch tätigen Vulkan erkennen lassen. 1786 wird er als erloschen geschildert, 1800 im Solfataren-Zustande, bereits 1827 in dem üppigen Tropenklima mit Vegetation bedeckt, 1865 aber von neuem fast ganz unfruchtbar und mit Aschen überzogen. 10. Die Uraccas, 1 qkm, drei Lavaklippen, die als Reste eines zertrümmerten Kraters angesehen werden. 11. Farallon de Pajaros, 2 qkm, ein einziger Vulkan von 260 m Höhe, aus einem ganz regelmäßigen Aschenkegel, und von braungrüner Färbung, dessen Grundfläche schwarze Lavafelsen bilden (siehe den Bericht des Admirals Knorr, Annalen der Hydrographie 1876). Diese Lava sollte wiederum „auf dem erhobenen Urgestein" lagern. Ob damit wirklich der geologische Begriff des Urgesteins zu verbinden ist, was sehr interessant wäre, oder ob es sich, wie bei den südlichen Inseln, um Korallenkalk handelt, erscheint zweifelhaft. Keinerlei Vegetation bekleidet den einsamen Vulkankegel, in dessen Innern es unabläßig grollt und donnert. In Zwischenräumen von etwa zwölf Minuten brachen aus einem Krater mit kanonenschußartigem Knall dichte Wolken von Asche und Steinen hervor. Millionen von Seevögeln haben an den Flanken ihre Nester, und ihre Schwärme tummelten sich, dem Bericht zufolge, mit anscheinend besonderer Vorliebe in dem unausgesetzt den Vulkan umschwebenden Rauch.

Dieser phantastische Eckpfeiler endigt die Reihe der deutschen Karolinen-Inseln. Er bleibt noch um etwa 300 km südlich vom Wendekreise. Erst nördlich von diesem setzen sich die Riffe und Inseln des unterseeischen Höhenrückens weiter fort bis nach Japan, zu dem sie politisch gehören.

Abb 85. Aus dem Dorfe Siar, rechts ein Teil des Junggesellenhauses. (Zu Seite 117.)

Somit liegen die Marianen noch ganz in der tropischen Zone. Die mittlere Jahreswärme ist auf Saipan zu 27° C. beobachtet worden. Im großen und ganzen gehören die Marianen demselben Klimagebiet an, wie die Karolinen- und Marshall-Inseln, nur daß ihre etwas nördlichere Lage den Unterschied der Jahreszeiten in der Temperatur schon etwas deutlicher hervortreten läßt. Während des Nordwinters vom Oktober bis Mai liegen die Inseln in der Bahn des gleichmäßig wehenden Nordostpassats. Das ist die Zeit des schönen Wetters und zugleich die trockenere Periode des Jahres, obschon Regenfälle auch in dieser Zeit nicht selten sind. Wenn die Sonne auf der Nordhalbkugel steht, in der Zeit vom Juni bis September, treten Winde aus Südosten bis Nordwesten ein, die unregelmäßig, zuweilen recht heftig sind und starke Regenfälle mit sich bringen.

Trotz dieses reichlichen Regenfalls sind die Wasserverhältnisse auf den Marianen nicht gerade günstig. Perennierende Flüsse sind nur auf Rota und auf Saipan bekannt. Von den hier bekannten sechs dauernden Wasserläufen fließen überdies fünf leider nach derjenigen Seite der Insel, die unbewohnt ist; nur einer mündet in den Hafen von Tanapag an der Westseite. Die Waldverwüstung hat in dieser Hinsicht die Zustände noch verschlechtert; sie ist mit daran schuld, daß längere Trockenzeiten mit plötzlichem unliebsamen Ansteigen der Fluten wechseln. Auf Tinian ist die Süßwasserquelle lediglich ein kleiner, der Ostküste nahe gelegener See. Die Üppigkeit der Vegetation und die Feuchtigkeit des tonigen Bodens gibt aber die Aussicht, daß Brunnenanlagen in vielen Fällen von Erfolg sein werden.

Abb. 86. *Junge Frauen in Siar. (Zu Seite 117.)

Der ursprüngliche Charakter der Vegetation ist gegenwärtig weitgehend vermischt durch die von Menschen eingeführten Gewächse, die sich teils in Zucht, teils verwildert, die Insel erobert haben. Neben den Mangroven treten an den Küsten die Cycas revoluta und eine strauchartige Casuarine auf, Kokoswälder umsäumen vielfach den Strand, das Innere der Inseln ist meist mit Wald bestanden, der oft die höchsten Gipfel erklimmt. Dazwischen sind, schon von weither sichtbar, große Lichtungen eingesprengt, auf denen ein langhalmiges Gras wächst. Die Eingeborenen pflegen dies anzuzünden und zerstören damit jedesmal einen Teil der umliegenden Wälder, doch ist diese unverständige Tätigkeit gegenwärtig verboten und man hat begonnen, diese Lichtungen mit Kokos neu aufzuforsten. Große Teile der inneren Hochflächen nimmt auch Gebüschvegetation ein, oder Savannenwuchs, bei dem sich über gewaltigen Gräsern vereinzelte Gruppen von Bäumen erheben, der Melonenbaum, die Kokospalme, die Arekapalme, der Brotfruchtbaum, die Baringtonia, Casuarinen und Mimosen. An Nahrungsfrüchten werden Bananen, Süßkartoffeln, Yam, Maniok, Mais und Reis gebaut; daneben Zuckerrohr, Kaffee, Kakao und Tabak.

Auch in der Tierwelt zeigt sich die starke Beeinflussung durch den Menschen. Auch hier ist das einzige, ursprünglich vorhandene Säugetier eine große Fledermaus, die auch am Tage durch die Wipfel schwärmt. Daneben bevölkern jetzt ungezählte Scharen ver-

Abb. 87. Heiliges Haus auf der Insel Angal, Berlinhafen. (Zu Seite 117.)

wilderter Haustiere die Wälder und Steppen der einzelnen Inseln. Verwilderte Schweine sind auf allen Inseln zu finden. Auf Tinian gibt es neben Tausenden von solchen eine 500 Stück starke Herde verwilderter weißer Rinder. Dazu kommen Tausende wild gewordener Hunde, die ein böses Raubzeug bilden. Auch den Axishirsch haben die Spanier eingeführt; er findet sich gegenwärtig auf der Insel Rota und wird augenblicklich durch die Bemühungen des Gouverneurs auch auf Saipan eingeführt.

Zahlreich sind die Vögel, wenngleich die Anzahl der einheimischen Arten arm ist. Im ganzen sind 56 Arten bekannt, wovon 14 endemisch sind. Papageien scheinen sehr selten zu sein; dagegen findet man allenthalben viele Enten, Schnepfen, Tauben und kleinere Vögel, mehrere Reptilien, eine Schlangenart, Landkrabben, Schildkröten, Trepang, Perlmuscheln und Millionen von Seevögeln.

Die Spanier fanden auf den Inseln ein Volk vor, das sich Chamorro nannte, einen hochgewachsenen, vollgliedrigen Volksstamm von dunkelbrauner Hautfarbe, dessen Männer durch eine gewaltige Körperkraft auffielen. In ihrer Sprache waren sie mit den Tagalen der Philippinen verwandt, dem Gesichtsschnitt nach schien eine Mischung von Malaien und Papuas vorzuliegen; nach wiederum anderer Ansicht endlich ist ein mongolischer Typus, also wohl eine Beeinflussung von Japan her, zu erkennen. Die Zahl der ehemaligen Chamorro wird sehr hoch angegeben, sie schwankt von 150000 bis zu 600000. Die erstgenannte Zahl wenigstens scheint durchaus nicht zu hoch gegriffen, wenn man die auf sehr vielen Inseln vorhandenen Spuren einer ehemals reichlichen Besiedelung ins Auge faßt. Ähnlich wie auf Samoa bestätigte der spätere Verkehr den ungünstigen Eindruck, den die ersten Entdecker empfangen hatten, nicht. Die Einwohner zeigten sich gegenüber den Spaniern, welche die Inseln auf der Reise zwischen Amerika und den Philippinen anliefen, freundlich und hilfsbereit. Mancherlei Interessantes wird von ihren Zuständen erzählt. Sie besaßen zwei verschiedene Stände, Adel

Abb. 88. Heiliges Haus auf Tarawai. (Zu Seite 117.)

Abb. 89. Handelskanu aus Guap am Strand bei Dallmannhafen. (Zu Seite 118.)

und Volk, die so scharf voneinander getrennt waren, daß Vermischungen mit dem Tode bestraft wurden. Die Vornehmen waren im Besitz aller Vorrechte, die Niederen durften sich ihnen nur mit den Zeichen der größten Ehrerbietung nahen. Das ganze Volk scheint eine ziemlich bedeutende Stufe der Zivilisation und viel Tatkraft gehabt zu haben. Sie besaßen Reisbau mit sehr geschickten Bewässerungsanlagen, hatten eine entwickelte Töpferei, verfertigten sich Geld aus Schildpattscheiben, bereiteten feines Rindenzeug; sie führten auch große Bauwerke auf, deren Reste man auf verschiedenen Inseln noch staunend bemerkt. Am eindrucksvollsten sind die mehrfach beschriebenen Überreste auf der Insel Tinian. Hier sieht man unweit des Dorfes Sunharon zwölf mächtige Säulen, die zu je sechs in graden Linien einander grade gegenüber angeordnet sind. Sieben stehen noch davon aufrecht. Sie sind viereckig, etwas über 4 m hoch, an der Basis 1,1 m bis 1,22 m breit und verjüngen sich nach oben. Sie tragen jede ein Kapitäl in Form einer oben abgeschnittenen Halbkugel von etwa 2 m Durchmesser. Das Material ist ein sehr harter Mörtel aus Sand und Kalk. Über ihre Bestimmung herrscht keine vollständige Klarheit; meist gelten sie als die Stützpfeiler eines ehemaligen großen Hauses, wie man noch heute solche in kleinerem Maßstabe im Dorf Garapan sieht. Ausgezeichnet war die Kühnheit und Geschicklichkeit der Chamorro in der Schiffahrt. In dem für diese Bedürfnisse stets günstig wehenden Passat vermittelten sie den Verkehr zwischen ihren Inseln, und ihre Geschwindigkeit rief, wie wir sahen, schon bei den ersten Beobachtern die Bemerkung hervor, daß sie über die Meeresfläche dahin zu fliegen schienen. Ihre Geschwindigkeit im scharfen Passat wird gelegentlich, wenngleich wohl übertrieben, von anderen Beobachtern auf 20 Knoten oder 37 km in der Stunde angegeben. (S. Reclus, Géographie universelle, Bd. XIV, S. 587.) Im Fischfang und Tauchen zeigten sie Kühnheit und Gewandtheit. Alle diese glücklichen Zustände änderten sich mit einem Schlage, als im Jahre 1668 die Spanier diese Inseln

Abb. 90. *Angefangene Malerei auf der Seitenwand eines Schiffes. Siar. (Zu Seite 118.)

zu kolonisieren begannen und mit den bekannten Segnungen ihres Christentums beglückten. Binnen kurzem bemerkten die Einwohner, daß sie alle, Vornehme wie Geringe, einer gemeinsamen Sklaverei zusteuerten, und nun erhob sich das fanatisch freiheitsliebende Volk zu einem wahrhaft heroischen Widerstande. In erster Linie richtete sich dieser gegen die gewaltsam aufgezwungene Taufe. In einem mit unerbitterlicher Grausamkeit geführten Kriege war bereits am Ende des Jahrhunderts mehr als die Hälfte der Eingeborenen umgekommen oder nach den Karolinen-Inseln geflüchtet. Über zwei Drittel der Dörfer lagen in Ruinen. Den Rest der Überlebenden ließ der Gouverneur Madrazo 1698 allesamt gewaltsam nach der Insel Guam bringen; nur die Entvölkerung von Rota gelang nicht ganz; alle übrigen Inseln waren von Bewohnern entblößt. Der englische Seefahrer Anson fand im Jahre 1741 auf Tinian in ungemein lieblicher Gegend wohlerhaltene Bauten, Obstpflanzungen, Gärten, große Herden weißer Rinder, aber keine Menschen. Spanische Soldaten von Guam hatten eben sämtliche Einwohner weggeschleppt, um die durch den Krieg und epidemische Krankheiten verringerte Bevölkerung des Hauptеilandes zu ergänzen. Aber vergebens war diese drakonische Maßregel. Auch auf Guam starben die Chamorro reißend dahin. Um nicht die fremde Herrschaft zu ertragen, die sie nicht abwerfen konnten, töteten sich viele in der Verzweiflung selbst; die Frauen schleuderten ihre jungen Kinder ins Wasser, da sie für sie den Tod einer lebenslänglichen Knechtschaft vorzogen. Das offizielle Einwohnerverzeichnis von 1710 weist für die Marianen nur noch 3678 Einwohner, das von 1790 nur 1639 auf. Eine erschreckende Sprache der Urkunden!

Um nicht vollkommene Entvölkerung eintreten zu lassen, führten die Spanier nunmehr von den Philippinen tagalische Ansiedler ein, die sich mit den noch vorhandenen Chamorro auf Guam vermischten, während die wenigen Bewohner der Insel Rota rein blieben. Endlich wanderten auch Karoliner ein, und zwar Bewohner der Ruk-Inseln.

So kommt es, daß es jetzt auf den Marianen drei verschiedene Bevölkerungsteile gibt: Erstens die reinen Chamorro, von denen etwa noch 500 auf Rota in einem einzigen Dorfe existieren. Zweitens die mit Chamorro vermischten Tagalen, die durch Rückwanderung aus Guam auch die heute bewohnten unter den übrigen Inseln wieder besiedelt haben und auf die gegenwärtig der Name Chamorro angewendet wird. Endlich drittens die Karoliner, die infolge zufälliger Verschlagung den Weg hierher gefunden und sich allmählich angesiedelt haben.

Es besteht augenblicklich ein scharfer Gegensatz zwischen den Chamorro und den Karolinern. Die letzteren haben ihre alten Sitten und Gebräuche, ihre Feste und Zeremonien und auch ihre Kleidung beibehalten: sie gehen fast ganz nackt. Die tagalischen Chamorro dagegen tragen Beinkleider, Jacken und Strohhüte europäischer Art. Sie dünken sich kulturell weit erhaben, und der augenfällige Unterschied in der Bekleidung trägt dazu bei, diesen Gegensatz zu verschärfen.

War es den Spaniern zwar schließlich gelungen, den Widerstand des tapferen Volkes durch fast völlige Vernichtung und durch Vermischung mit fremden Elementen zu brechen, so wurde diese furchtbare Tat — ein Kapitel mehr in dem schreckensvollen Schuldbuch dieser bigotten und fanatischen Nation — erkauft mit einem weitgehenden Ruin der ursprünglichen Vorzüge, welche die Bewohnerschaft dieser Inseln auszeichneten. Die gegenwärtigen Chamorro sind zwar alle katholisch, aber verschwunden ist ihre frühere Regsamkeit, verschwunden die Kunst, große Steinbauten aufzurichten, verschwunden der Mut und die Fähigkeit zu der kühnen Schiffahrt von früher. Heute versteht keiner von ihnen mehr das Segel zu gebrauchen, und der Fischfang, der ehedem die Männer zu kecken Wagefahrten auf die offene See hinausführte, bleibt jetzt innerhalb des Riffs. In träger Faulheit ohne Sinn für Sparsamkeit und Erwerb bringen sie ihre Tage hin; der früher hochentwickelte Ackerbau ist kläglich herabgesunken, und ein großer Teil des Volkes hat den Rückschritt zum Jägervolke gemacht. Die Jagd auf die zahllosen verwilderten Haustiere ist heute die Lieblingsbeschäftigung der Insulaner.

Seit der feierlichen Besitzergreifung der Inseln durch Deutschland am 11. November 1899 ist deshalb das Bestreben der deutschen Verwaltung gewesen, die Einwohner von neuem zur Arbeit, zum Gewinn und zum Sparen heranzuziehen, und für die immer noch gute Art des Volkes zeugt es, daß diese Bestrebungen bereits in der kurzen Zeit sichtbare Erfolge aufweisen. Aus der spanischen Epoche stammt noch eine allgemeine Arbeitsverpflichtung, wonach jeder männliche Einwohner zwischen dem 15. und 50. Jahre zur unentgeltlichen Hilfsleistung bei öffentlichen Arbeiten angehalten ist, und zwar haben Verheiratete an zwölf und Junggesellen an zwanzig Tagen im Jahre sich zu stellen. Das neue Gouvernementsgebäude, das, wie wir sahen, auf einer Anhöhe über dem Dorfe Garapan liegt, ferner die Herstellung eines befestigten Fahrweges am Weststrande von Saipan, die Abzäunung von Viehparks auf dieser Insel und auf Rota, der Bau eines Bootshauses, einer Landungsbrücke und dergleichen sind auf dem Wege dieser öffentlichen Arbeit fertiggestellt worden. Jeder männliche Einwohner zwischen 15 und 50 Jahren hat jährlich einen Wert von drei Mark zu zahlen; Väter von acht Kindern sind davon frei. Sichtlich ist sogar unter den Chamorro selbst neue Unternehmungslust erwacht. Mehrere Einwohner von Garapan haben die wirtschaftliche Ausbeute einiger der nördlichen Inseln übernommen, und eine Vermehrung der Bevölkerung ist bereits jetzt wahrzunehmen. Vom 1. April 1900 bis dahin 1901 hat die Zahl der Einwohner der deutschen Marianen von 1938 sich auf 2132 gesteigert. Außer dem Waldschutz ist auch eine Schonung des Viehbestandes eingeführt worden, und

Abb. 91. *Mutterglück. Siar. (Zu Seite 119.)

Abb. 92. Mann mit Ahnenfigur auf der Insel Siar. Prinz-Heinrich-Hafen. (Zu Seite 120.)

bereits jetzt hat die verwilderte Rinderherde auf Tinian, seit nicht mehr davon abgeschossen wird, viel an ihrer Wildheit verloren. Noch ist ja Handel und Verkehr sehr gering. Der Verkehr mit den Inseln wird heute wieder vorzugsweise vermittelt durch japanische Schiffe, die Segler der Hiki-Kompanie in Tokio und eines in Japan ansässigen Engländers. Diese halten eine etwa zweimonatliche Verbindung mit Jokohama aufrecht, die sich alle vier Monate bis Jap ausdehnt. Der Postverkehr, der auch andere zufällige Gelegenheiten mit wahrnimmt, findet etwa 8—10mal jährlich über Jokohama statt. Den Wert der Einfuhr im letzten Etatsjahre gibt die letzte Reichstagsdenkschrift auf 90000 Mk., den der Ausfuhr auf 85000 Mk. an. Der Hauptausfuhrgegenstand ist auch auf den Marianen die Kopra, mit deren Gewinnung sich Chamorro wie Karoliner beschäftigen. Dieser, wie der übrige Handel liegt vorzugsweise in den Händen der Japaner.

Es ist nicht unmöglich, daß spätere Entwickelung des Verkehrs den Ansiedelungen auf Saipan einen größeren Aufschwung verleiht, da der Hafen von Tanapag geräumig und tief ist und einige hinderliche Korallenfelsen in der Einfahrt leicht beseitigt werden können. Dann wird der natürliche Vorzug der Marianen als Reisestation zwischen Australien und Amerika und Ostasien besser zur Geltung kommen.

Es ist kein besonders glänzender Besitz, den Deutschland an den Marianen gewonnen hat; auch hier liegt eine schöne Aufgabe vor, die darin besteht, eine ehemals erhebliche Kultur wieder erstehen zu lassen und so gewissermaßen wieder gutzumachen, was ein anderes europäisches Volk so bitter gesündigt hat.

VI.

Kaiser-Wilhelms-Land.

Nachdem wir so die polynesischen und mikronesischen Besitzungen Deutschlands in der Südsee durchwandert haben, bleibt uns nur noch das melanesische Gebiet übrig, das aus drei ihrem Wesen nach verwandten Gebietsteilen besteht: Kaiser-Wilhelms-Land, dem

Bismarck-Archipel und den deutschen Salomo-Inseln. Alle drei werden in der amtlichen Benennung unter dem Begriff Deutsch-Neu-Guinea zusammengefaßt.

Eine ganz andere Welt betreten wir hier. An Stelle der winzigen, weit im Ozean verstreuten Inselchen finden wir Gebiete, die auch nach europäischen Begriffen eine erhebliche Ausdehnung haben; an Stelle der Einförmigkeit des entweder vulkanischen oder korallinen Baus erscheint eine Mannigfaltigkeit von Gesteinen; an Stelle der Bescheidenheit, ja Armut von Fauna und Flora sehen wir den üppigsten Reichtum, insbesondere in der Pflanzenwelt, die so gewaltig und allherrschend ist, daß der menschliche Bewohner meist nur wie ein Gast am äußersten Rande des Landes auftritt, und daß jedes Eindringen in das Innere den Charakter eines mühsamen Kriegszuges gegen eine kaum überwindliche Natur trägt. Wenngleich Jahrhunderte seit der ersten Entdeckung dieser Inseln verflossen sind, so gehören sie doch noch heute zu den unbekanntesten der Erde. Der volle Reiz noch ungelöster Rätsel umgibt die gewaltigen, wolkenumlagerten Bergzüge, welche der an der Küste entlang fahrende Schiffer hinter den umbrandeten Riffen emporsteigen sieht. Hilft doch neben der unwegsamen Wildheit des tief durchfurchten Geländes, neben der Undurchdringlichkeit der Wälder leider an vielen Stellen auch ein überaus feindseliges Klima die Jungfräulichkeit dieser Gebiete gegenüber dem weißen Manne verteidigen. Endlich auch eine Bevölkerung von bedeutender primitiver Naturkraft und zäher Ursprünglichkeit, die sich dem Einfluß einer Zivilisation stellenweise mit großem Erfolg widersetzt.

* * *

Kaiser-Wilhelms-Land ist die einzige unter den deutschen Südsee-Kolonien, die nicht eine ganze Insel, sondern nur den Teil einer solchen bildet. Es umfaßt den Nordosten Neu-Guineas, der größten Insel der Erde, deren Gestalt Warburg sehr treffend mit der eines plumpen, vorsintflutlichen Sauriers vergleicht, dessen auf dünnem Halse sitzender Kopf mit geöffnetem Rachen nach Westen schaut, während der stumpfe Schwanz nach Osten und der Bauch nach Süden gerichtet ist. Drei Mächte haben sich diesen Riesenkörper geteilt: Holland hat Kopf und Brust, England Schwanz und Bauch, und Deutschland das zwar kleinste, aber wahrscheinlich saftigste Rückenstück erhalten. Mit rund 180000 qkm hat Kaiser-Wilhelms-Land etwas mehr als die Hälfte der Flächengröße von Preußen und ist bei weitem das größte unter unseren pazifischen Schutzgebieten.

Seit der Teilung unter die drei genannten Mächte im Jahre 1885 hat der Kampf der Forschung gegen die übermächtige, den Eingang wehrende Natur mit großer Energie begonnen. Am lässigsten noch auf holländischem Gebiet; Holland hat mit der ersten Erforschung seiner übrigen Inselbesitzungen im Südosten Asiens noch so reichlich zu tun, daß es an die Erschließung Neu-Guineas noch kaum hat denken können. Mit mehr Erfolg haben Engländer und Deutsche die Aufhellung der Geographie ihrer Gebietsteile unternommen.

Nach dem Stand der heutigen Kenntnis liegt die Insel Neu-Guinea auf einem gemeinsamen unterseeischen Sockel mit Australien; ein ganz flaches, weniger als 200 m

Abb. 98. Ehemalige Münzen der Neu-Guinea-Kompanie. (Zu Seite 121.)

tiefes Meer trennt sie davon. An der Nordküste sinkt der Meeresboden rasch zu größeren Tiefen herab. Die Stufe von 2000 m Tiefe umschließt einerseits nach Westen noch die nördlichen Molukken, andererseits springt sie nach Nordosten als gebogene Halbinsel vor, auf deren Rücken die Hauptinseln des Bismarck-Archipels liegen.*)

Riesige Gebirgsketten, die bis zu fünftausend und mehr Metern emporzusteigen scheinen, durchziehen den Körper Neu-Guineas in der Richtung seiner Längsachse. Im englischen Gebietsteil ist der Verlauf des Hauptkettenzuges schon einigermaßen klargestellt. Das Innere des niederländischen Neu-Guinea ist auf den Karten noch ein großes weißes Blatt. Erst gegen die Verengerung der Insel, gegen den Hals des Sauriers hin, wird wiederum ein gewaltiger Gebirgszug eingezeichnet, der als eine Fortsetzung der riesigen Ketten des Ostens erscheint. Es wird Karl-Ludwig-Gebirge genannt, und seine Höhe bis zu 5100 m angegeben.

Wir lassen hier das englische und holländische Gebiet außer acht und beschäftigen uns nur mit dem deutschen.

Ein wildes, grandioses Gebirgsland tritt uns entgegen. Mehrere Reihen steiler, scharfzackiger Grate steigen von der Küste kulissenförmig hintereinander auf, von tief eingesenkten Tälern getrennt, von jähen Schluchten zerrissen. Die Höhen, welche ihre Häupter erreichen, sind die unserer Hochalpen, aber der Anblick des zerklüfteten Hochgebirges ist doch ein ganz anderer als das Panorama des Berner Oberlandes oder der Tauernkette darbietet. Dichter Wald umhüllt die Schroffen und Zacken fast bis auf die höchsten Kämme und Spitzen hinauf; nur an wenigen Stellen, ja selbst da noch nicht mit Gewißheit, ist ewiger Schnee beobachtet worden.

Soweit die tatsächliche Beobachtung und der aus dem Geröll der Flüsse entnommene Rückschluß ein Urteil erlaubt, besteht das Grundgerüst der Gebirge aus mächtigen Urgesteinsmassen, Graniten und Gneisen, die von älterem Eruptivgestein durchsetzt sind. Jüngere vulkanische Gebirge liegen näher der Küste zu, und die dem Strande des Kaiser-Wilhelms-Landes folgende Schnur von Inseln ist größtenteils rein vulkanischer Natur. Daneben finden sich am Strande des Hauptlandes ausgedehnte Bildungen von Korallen, teils in der gewöhnlichen Weise in der See (Abb. 64), teils gehoben am Strande. An vielen Stellen sind diese Kalke hoch emporgestiegen und bilden gelegentlich ganze Vorketten. Einzelne größere Verebenungen sind zwischen den Gebirgen eingelagert. Entweder sind es schmale Küstensäume, durch den Schutt der dahinter emporsteigenden Gehänge gebildet, oder mehr oder minder fächerförmige Ablagerungen an den Mündungen der aus dem Innern herabkommenden Ströme. Endlich kennen wir auch größere Talebenen im Innern des Landes.

Was das Klima des Kaiser-Wilhelms-Landes betrifft, so kennen wir es genauer nur an der Küste, und hier trägt es denselben gleichmäßig warmen und feuchten Charakter der tropisch-ozeanischen Gebiete in der Nähe des Äquators, wie unsere übrigen Südsee-Inseln. Ein Unterschied besteht nur darin, daß wir uns hier in dem Bereich eines ausgesprochenen Monsunwechsels befinden. Zur Zeit des nördlichen Sommers, von April bis Oktober, an anderen Stellen von Mai bis November, weht der rein entwickelte Südostpassat; wandert die Sonne jedoch auf die südliche Halbinsel, so tritt genau der entgegengesetzte Wind, der Nordwestmonsun ein, den die große Erhitzung der Luft über den Wüstenflächen Inner-Australiens heransaugt. Im allgemeinen ist der Passat kühl und trocken, der Nordwestmonsum warm und feucht. Indessen die Unterschiede sind gering; die Abweichungen der Temperatur von dem bisher rund auf 26° C. festgestellten Jahresmittel an der Küste unbedeutend. Der kühlste Monat hat eine Mitteltemperatur von 25,5, der wärmste von 27°, und es ist bisher keine höhere Temperatur als 35, keine niedrigere als 19° beobachtet worden. Auch die Unterschiede der Regenmengen in den einzelnen Jahreszeiten sind nicht so erheblich, daß man eine scharfe Regenzeit und Trockenzeit unterscheiden könnte, wie es sonst in Monsungebieten der Fall ist. Der Grund dafür ist zum Teil ein ähnlicher wie bei Samoa. Das Streichen der Gebirgskette nähert

*) Vgl. die Karten in Andrees Handatlas.

Abb. 94. Wald auf der Gazelle-Halbinsel. (Zu Seite 127.)

sich der Hauptrichtung der Winde, so daß nicht ein Teil der Insel zeitweilig gänzlich in den Regenschatten geraten, zeitweilig die ausgesprochene Wetterseite sein kann. Gewiß ist das Klima nach unseren Begriffen sehr regenreich, allein die früher populäre Vorstellung eines von steter Feuchtigkeit dampfenden Brutherdes trifft doch auf Neu-Guinea nicht zu; im Gegenteil, die Verwalter der Pflanzungen haben öfters über einen Mangel als über ein Zuviel an Regen, den die tropische Vegetation nun einmal in Menge braucht, zu klagen. Die Regenfälle in den einzelnen Beobachtungsstationen sind sehr verschieden voneinander, und auch innerhalb ein und derselben Station in verschiedenen Jahren sehr wechselnd. Besonders trocken und warm ist z. B. Hatzfeldthafen, wo während der Jahre 1886/88 durchschnittlich 227 cm Regen fielen. Am regenreichsten unter den Küstenorten scheint dagegen Finschhafen zu sein; hier, bezw. in Simbang, sind 486 cm als mittlere Regenmenge festgestellt. Eigentümlich ist, daß an dieser Stelle die Hauptregen, abweichend von den übrigen Küstenstrichen, in der Zeit von Juni bis September fallen, also zur Zeit des am meisten entwickelten Südostpassats. Ohne Zweifel liegt das an der Lage dieser Örtlichkeiten an dem Nordflügel des Hüongolfes, der wie eine Art Schirm den Südostpassat auffängt.

Andere Verhältnisse herrschen naturgemäß im Innern, doch kennen wir sie noch wenig. In den tief eingelagerten Ebenen erreicht die Hitze bedeutend höhere Grade als an der Küste; die Gehänge der Berge aufwärts dagegen wird man kühleres Klima in allen Abstufungen bis zum polaren hin finden, das, wie bemerkt, wenigstens an einigen Stellen auch hier unter dem Äquator Regionen ewigen Schnee zu erzeugen scheint. Im Ramu-Gebiet hat man auch einen erheblich stärkeren Regenfall als an der Küste beobachtet, 700 cm und mehr. Unter Entwickelung furchtbarer Gewitter mit krachenden Donnerschlägen und fessellosen Güssen pflegte diese Wassermenge hernieder zu stürzen. An den höheren Teilen der Gebirge bekunden malerische weiße Wolkenflecke und die Ferne verhüllende Nebelmassen die auch dort herrschende Feuchtigkeit. Auch der große Reichtum an stattlichen Flüssen, deren Mündungen an der Küste wir kennen, zeugt dafür.

Gesundheitlich gilt Kaiser-Wilhelms-Land unter unseren Südsee-Kolonien als die mörderischste. In der Tat kommt an keiner andern Stelle die Malaria zu so unheilvoller Entfaltung wie hier. Die Eingeborenen bekommen sie fast sämtlich; bei ihnen aber nimmt sie, wie das bei in einem Volke dauernd gewordenen Ansteckungskrankheiten immer eintritt, eine sehr viel leichtere Form an. Sie machen sie als Kinderkrankheit durch und sind dann immunisiert. Für den Europäer pflegt diese Krankheit viel unheilvoller zu verlaufen. Im Jahre 1891 mußte der bis dahin als Hauptort der Verwaltung des Kaiser-Wilhelms-Landes ausgewählte Platz Finschhafen von den Ansiedlern in fluchtartiger Eile geräumt werden, da mehr als die Hälfte von ihnen an der Malaria umgekommen war, und der Rest nicht ohne Grund das gleiche Schicksal fürchtete. Unzweifelhaft tragen die mit den Pflanzungen verbundenen Waldrodungen und Erdarbeiten

Abb. 95. Blick auf Herbertshöhe. (Zu Seite 128.)

Abb. 96. Urbarmachung einer Schlucht. Herbertshöhe. (Zu Seite 128.)

zur Vermehrung der Ansteckungsgefahr bei. Trotzdem fand ich meinerzeit die Europäer in Stephansort und Friedrich-Wilhelms-Hafen in sehr optimistischer Stimmung; die prophylaktische Kur, die Professor Koch auf Grund seiner mehrjährigen, damals am Abschluß stehenden Untersuchungen über die Malaria anempfahl, hatte bisher ausgezeichnete Resultate ergeben. Kurz zusammengefaßt besteht diese Kur darin, daß man zunächst nach Möglichkeit der Ansteckung vorbeugt. Diese geschieht durch den Stich bestimmter Moskitoarten, welche die Malariakeime in das Blut übertragen. Da sie mit Eintritt der Dunkelheit lebendig werden, so verlassen die Schiffe des Norddeutschen Lloyd regelmäßig nachts die Häfen und suchen das freie Wasser auf. Der am Land Wohnende muß sich möglichst sorgfältig durch Moskitonetze zu schützen suchen. Da das aber auf die Dauer natürlich keine absolute Sicherheit gewährt, so tritt daneben der prophylaktische Gebrauch von Chinin ein. Man soll, sobald man eine ansteckungsgefährliche Gegend betritt, zwei Tage hintereinander morgens nüchtern je ein Gramm Chinin in Wasser gelöst und mit einer Zutat von Salzsäure nehmen. In dieser Form ist es für den Magen am unschädlichsten. Nach einer Frist von acht Tagen ohne Chiningenuß schluckt man wiederum in gleicher Weise an zwei aufeinander folgenden Tagen Chinin und so fort. Der Zeitabstand entspricht dem Entwickelungsstadium der in das Blut gelangten Parasiten, in welchem sie am angreifbarsten sind. Koch selbst hat diese Methode in den schlimmsten Malarialändern der Erde durch mehrere Jahre mit absolutem Erfolg an sich durchgeführt. Wie sie sich bei anderen Naturen bewährt, wird die Folgezeit lehren. Jedenfalls würde mit Beschränkung dieses furchtbarsten Feindes unserer Tropenkolonien der Wert des unvergleichlich fruchtbaren, tropisch üppigen Gebietes von Kaiser-Wilhelms-Land in der Weise emporschnellen, daß es die beneidenswerte Krone aller unserer Besitzungen bilden würde. Einstweilen empfängt der Reisende hier noch den Eindruck, sich unter den äußersten Vorposten einer eben erst diese Küsten berührenden Zivilisation zu befinden.

Von anderen Krankheiten ist die übliche tropische Dysenterie zu erwähnen, sowie

Abb. 97. Arbeiter bringen Baumwolle vom Felde. Herbertshöhe. (Zu Seite 128.)

die mit einem derartigen Klima leicht verbundene rheumatische Affektion. Die Eingeborenen leiden ebenso wie auf den mikronesischen Inseln an der Influenza und tropischen Hautkrankheiten. Im allgemeinen kann man aber, wenn man von der Malaria absieht, das Klima des Kaiser-Wilhelms-Landes für tropische Verhältnisse nicht als besonders ungesund bezeichnen.

* * *

Wenn irgendwo auf der Erde, so ist auf Neu-Guinea die vom Menschen unbeeinflußte organische Natur unbeschränkte Herrscherin des Gebietes und entfaltet sich mit einer unbändigen Fülle. Neu-Guinea ist ein Waldland, wie es in ähnlicher Üppigkeit und Großartigkeit nur noch an wenigen Stellen gefunden wird. Unmittelbar an der Küste, ja, wo die Mangrove-Vegetation herrscht, noch im Bereich des Meerwassers beginnt der Wald mit strotzenden, undurchdringlichen Formen, und bis in die Höhe unserer Hochalpengipfel steigt er die Berge hinan, die steilsten Gehänge, die schärfsten Grate mit seinem dichten Polster überziehend. Wie nach Wallace auf Borneo der Orang-Utang, so kann auf Neu-Guinea wahrscheinlich das Baumkänguruh von einem Ende der Insel bis zum andern gelangen, ohne jemals genötigt zu sein, den Boden zu berühren.

Warburg, der diese Bemerkung macht, hat eine ausgezeichnete Schilderung des Pflanzenkleides von Neu-Guinea entworfen. Er unterscheidet fünf Vegetationsformen. Die erste ist der Mangrovewald an der Küste. Er unterscheidet sich in seinem Charakter wenig von der Erscheinung, wie wir sie bei früheren Inseln beschrieben haben, nur daß seine wunderbare Schönheit sich nirgends üppiger entfaltet als hier. An den Steilufern des Kaiser-Wilhelms-Landes findet er sich übrigens seltener als an anderen Strandgebieten Neu-Guineas. Die zweite Vegetationsform nennt Warburg den sekundären Buschwald und er meint damit Gebiete verlassener Pflanzungen, auf denen ehedem der Wald ausgerodet worden ist, und den die Natur nunmehr zurückerobert. Rasch wachsende Büsche und kleinere Bäume bedecken das Land in unregelmäßiger Weise, so daß es aussieht wie ein verwilderter Park. Dieser Zustand ist allerdings nur ein Übergang; allmählich erobert der Hochwald die Stätte zurück. Die dritte Vegetationsform ist die Grasfläche. Auch diese ist schwerlich ursprünglich, auch hier scheint eine Vernichtung des Waldes durch Eingeborene oder durch Waldbrände vorhergegangen zu sein. Der Boden ist dann durch Gräser erobert worden, besonders durch das starrhalmige mannshohe Alang-Alang-gras. Schon vom Meere aus sieht der Vorüberfahrende an den mit dunklem Wald bekleideten Gehängen größere und kleinere hellere Flecke eingesprengt. Dies sind die Alang-Alangflächen. Leider trifft die naheliegende Vermutung, daß diese Graslichtungen für Viehzucht besonders geeignet seien, nicht zu, oder jedenfalls nur dann, wenn es gelingt, diesen Graswuchs kurz zu halten oder das Alang-Alang durch bessere Tropengräser zu ersetzen. Die vierte Form der Neu-Guinea-Vegetation findet sich in ausgedehnterem Maße nur auf der Südseite der Insel. Es ist die an australische Verhältnisse gemahnende Form der offenen Savannen. Wir können sie für Kaiser-Wilhelms-Land übergehen. Die letzte Form endlich und für uns die wichtigste von allen ist der sogenannte primäre Wald, der Urwald, der in geschlossenen Beständen bis 3600 m Höhe emporsteigt.

Ein wesentlicher Bestandteil des Neu-Guinea-Waldes sind die Palmen, mit denen die Insel derartig bedacht ist, daß man sie als eines der palmenreichsten Länder der Erde bezeichnen kann. An den Küsten finden wir die Kokospalme, die auch noch die Gehänge der küstennahen Gebirge emporsteigt, und wo sie auftritt, immer ein Anzeichen von gegenwärtiger oder früherer menschlicher Existenz ist. Daneben die Sagopalme, die in sumpfigen Niederungen oft dichte Wälder bildet, die schlanke, feinfiedrige Areka, die seltsame Kriechpalme Rotang, die das Geflecht unserer Rohrstühle liefert, dem Urwaldreisenden aber höchst unerfreulich ist, weil sie mit ihrem dichten Gerank und ihren scharfen Dornen das Vordringen oft geradezu unmöglich macht, und viele andere. Trotzdem kann man nicht sagen, daß die Palme in dem äußeren Vegetationsbilde vorherrsche: die üppige Entfaltung riesenhafter Laubhölzer, die im buntesten Durcheinander die Hauptmasse des Waldes bilden, lassen diesen Eindruck nicht zu. Ungezählt ist die Menge der Arten, die im großen und ganzen sichtlich einen indisch-malaiischen Charakter tragen, jedoch zum Teil auch einheimisch sind. Viele darunter liefern eßbare Früchte, viele wertvolle Hölzer, deren reicherer Verwendung nur die Schwierigkeit des Transports an die Küste entgegensteht, viele endlich Rinden- und Faserstoffe. Lange hat man in den Wäldern nach einem Baum gesucht, der brauchbares Guttapercha erzeugt. Klima und

Abb. 98. Die Insel Matupi in der Blanche-Bai. (Zu Seite 128.)

Boden mußten ja seine Existenz begünstigen; erst im Jahre 1902 ist durch die Expedition des Botanikers Schlechter der Fund, auf den ein Preis von 3000 Mk. gesetzt war, gelungen.

Von dem hochstämmigeren und dichteren Niederungswald unterscheidet sich der noch wenig erforschte Bergwald. Die Bäume werden kleiner, sparriger, Moos, Flechten und Orchideen, von Nebelfeuchtigkeit triefend, siedeln sich auf ihnen an, Farne bedecken den Boden und kriechen an den Bäumen hinauf; die tropische Mannigfaltigkeit hört auf, einheitlichere Bestände treten an die Stelle. Ganz besonders entfalten sich die Rhododendren zu einer herrlichen Blütenpracht, wie man sie nicht schöner im Himalaya trifft. Immer eigenartiger und seltsamer wird mit der Höhe der Wald. „Bäume aus fast vorweltlichen Koniferen-Geschlechtern, Libocedrus und Phyllocladus, die jetzt nur noch in beschränkter Anzahl auf den Gebirgen Chiles, Tasmaniens, Neu-Seelands, Borneos, Batjans, Mindanaos, Japans und Kaliforniens gedeihen, treten hier fast waldbildend auf" (Warburg, S. 146). Jenseits von 3600 m wird die Vegetation strauchartig, daneben tritt Grasrasen auf mit Pflanzengattungen, die an unsere Wiesen und Matten erinnern. Nur die höchsten Teile der Gebirge scheinen nackter, starrer Fels zu sein, der in bizarren Schroffen emporragt.

* * *

Auch in der Fauna Neu-Guineas eröffnet sich eine Wunderwelt, deren Seltsamkeit und Altertümlichkeit ein Zeugnis dafür ablegt, wie lange diese Insel schon von der gemeinsamen Entwickelung der Alten Welt getrennt ist. Arm ist die Insel allerdings an größeren Säugetieren. Die Zahl der kleineren ist aber groß, über siebzig Arten sind bereits bekannt — Deutschland zählt nur fünfundsechzig — und noch ist hier die eine oder die andere vollkommen neue Entdeckung möglich. Wie auf den früheren Inseln, nur in größerer Mannigfaltigkeit, finden wir Flattertiere: Flughunde und verschiedene Fledermäuse, darunter die wunderliche Hufeisennase, und der Taphozus mit Hauttaschen an den Flügeln. Desgleichen mannigfache Mäuse und Ratten sonderbarer Art. So die Greifschwanzratte oder die Biberratte, die Schwimmhäute hat und in Sümpfen lebt. Auch eine Hunderasse, den Papuahund, gibt es. Sonst aber spielen Tiere die Hauptrolle, denen

Abb. 99. Im Hafen von Matupi. (Zu Seite 129.)

Abb. 100. Faktorei Hernsheim auf Matupi. (Zu Seite 129.)

wir auf den übrigen Archipelen noch nicht begegnet sind, die sonderbare Entwickelungsformen früheren Erdperioden repräsentierenden Beutel- und Kloakentiere. Mehr als vierzig Arten von Beuteltieren sind uns aus Neu-Guinea bereits bekannt. Darunter zwei Känguruhs, die am Boden hüpfend leben und eines, das bereits erwähnte Baumkänguruh, das die Anpassung an die Bedingungen dieses ausgeprägtesten aller Waldländer zu einem Klettertier gemacht hat.

Charakteristischer aber noch als die Wunderlichkeit seiner Säugetiere ist Neu-Guineas Reichtum und Buntheit der Vogelwelt. Man nennt die Insel das Vogelparadies der Erde, und vor allen Dingen ist es die Heimat des Paradiesvogels, jenes schönsten aller geflügelten Geschöpfe, dem nicht mit Unrecht von Eingeborenen der Name des Göttervogels beigelegt worden ist. Unerschöpflich erscheint die Fülle der Spielarten dieses prachtvollen Tieres, dessen seidiges Gefieder so überirdisch glänzend erscheint, daß sich früher in Europa das Märchen verbreiten konnte, er berühre niemals die Erde, sondern lebe nur schwebend im Äther, und selbst seine Eier brüte das Weibchen im Fluge auf dem Rücken des Männchens. Der Balg des Paradiesvogels ist heute schon an der Küste ziemlich teuer; der Vogel, von dem heute fast fünfzig Arten bekannt sind, lebt in den Hochwäldern, und die Eingeborenen bringen ihn auf mühsamer Jagd heim. Neben dem Paradiesvogel erblickt das Auge eine Fülle prachtvoll gefärbter Tauben. Man zählt ihrer schon siebzig Arten, unter ihnen die herrliche blaue Kronentaube. Es gibt gegen zwanzig Arten bunter Papageien, darunter die leuchtenden Kakadus. Hierzu treten die merkwürdigen Laubenvögel, die sich ganze Laubengänge für ihre verliebten Tänze errichten und sie mit glänzenden Muscheln und Steinen verzieren; Honigfresser mit zerfaserter Zunge, Salangane, die eßbare Nester bauen, Reiher, schwarze Enten, Kuckuck, Nashornvogel u. dergl. Der größte Vogel Neu-Guineas ist der straußähnliche Kasuar. Ihm, dem vortrefflichen Läufer, gesellt sich der Fregattvogel, der ausgezeichnete Flieger, der an den Küsten nistet und seine Flüge weit über die Meeresflächen ausdehnt.

Die niedere Tierwelt ist vertreten durch Schildkröten, Leistenkrokodile, die die Fluß-

Abb. 101. *Die deutsche Post in Matupi. (Zu Seite 129.)

übergänge gefährden, drei Arten von Schlangen, die zum Teil sehr giftig sind; endlich durch Eidechsen, Frösche und zahlreiche Insekten. An Nutztieren kennen die Eingeborenen das Schwein, den bereits erwähnten Hund und das Haushuhn. Der Hund wird stellenweise systematisch in einer Art Großbetrieb gezüchtet, um seine Schneidezähne als Halsschmuck zu verwenden. Mit der Einführung europäischen Viehes hat man neuerdings gute Erfahrungen gemacht.

* * *

Eine geographische Einzelschilderung des Landes muß heute noch im wesentlichen auf eine Beschreibung der Küste hinauslaufen. Wir wollen sie deshalb in der Form einer Wanderung längs derselben von Osten nach Westen versuchen.

Ein höchst sonderbares Gebilde bezeichnet die Stelle, wo der achte Breitengrad die Grenze zwischen englischem und deutschem Besitz, die nordöstliche Küste Neu-Guineas schneidet: der Mitrafelsen, ein mitten aus dem Meere, etwa eine Meile vom Kap Ward-Hunt steil emporsteigender Felsgipfel von 15—18 m Höhe, der oben mit Buschwerk bewachsen ist. Er bildet ein vortreffliches Grenzmal.

Der Verlauf der Gesamtküste von hier nach Nordwesten bis zur holländischen Grenze ist etwas bis zur Hälfte durch zwei Buchten gegliedert, den Hüongolf und die Astrolabebai. Von dort verläuft sie ungemein einförmig nach Westnordwest.

Am Ostflügel des Hüongolfs treffen wir zunächst einen Wechsel von steiler und flacher Küste. Die letztere dehnt sich aus zwischen dem Flusse Spree und der Herkulesbucht; dann wird sie wieder steiler bis in den inneren Teil der Bucht. Rundgeformte Waldhügel begleiten das Ufer, hinter welchem Gebirge bis zu 1000 m Höhe sichtbar werden. Kleine hügelige, dicht bewaldete Inseln, die unbewohnt erscheinen, begleiten die Küste. Im Hintergrunde der Bucht mündet der Markhamfluß, von dem einstweilen nur die mit Mangrove erfüllte Mündungsniederung bekannt ist. Diese ist auf beiden Seiten eingefaßt von zwei Gebirgsländern, den Herzogsbergen im Süden und den Rawlinsonbergen im Norden. Die letzteren, deren sanfte, dicht bewaldete, mit schönen, wohlbewässerten Tälern ausgestattete Gelände bis zu 1200 m ansteigen, sind wahrscheinlich die Ausläufer der weiter im Westen noch zu nennenden inneren Hochgebirge.

Der halbinselartige Vorsprung zwischen dem Hüongolf und der Astrolabebai ist ganz und gar mit noch unbekannten Gebirgen ausgefüllt. An der Ostspitze dieser Halbinsel liegt der bereits genannte Platz Finschhafen, der, wie bemerkt, als Europäerstation aufgegeben war, aber doch unter Beobachtung größerer Vorsicht neuerdings wieder eröffnet worden ist (Abb. 65). In seiner Umgebung finden wir jetzt mehrere kleine Stationen der Neu-Dettelsauer Missionsgesellschaft: Simbang, Sattelberg, Deinzerhöhe und die vor der Küste gelegenen korallinischen Tami-Inseln. Etwas mehr als ein Dutzend deutscher Missionare lehren dort die Eingeborenen und treiben einigen Bodenbau für den eigenen Bedarf.

Mit der Ostspitze des Hüongolfs beginnt eine merkwürdige Küstenbildung, die früh ein großes Interesse erregt hat. Den inneren Bergen ist eine Zone von hochgehobenen Korallenkalken vorgelagert, die streckenweise eine so regelmäßige Terrassenbildung zeigt, daß sie von weitem wie von Menschenhand geformt erscheinen möchte. Vom Kap Festungshuk (Fortification point), das seinen Namen von jenen bastionartigen natürlichen Bildungen erhielt, westwärts steigt das Land längs der Küste auf einer Entfernung von etwa 20 Seemeilen in drei ungemein regelmäßigen Terrassen gegen 300 m hoch empor. Die Oberflächen der Terrassen bestehen aus sanft geneigten Grasflächen, die Steilhänge sind Korallenfelsen. An die obersten Grasflächen schließt sich dann das steilere, dicht bewaldete Gebirge. Die Breite der Terrasse ist 1—3 km. Unzweifelhaft haben wir es hier mit ehemals im Meeresniveau befindlichen Korallenbildungen zu tun, die stufenweise gehoben wurden. Die gesamte Küstenstrecke bis zur Astrolabebai hin trägt den Namen Maclayküste nach dem russischen Reisenden Miclucho Macley, der in den siebziger Jahren hier wissenschaftlich gearbeitet hat. Sie zeigt einen steilen geschlossenen Strand, dem es fast ganz an brauchbaren Häfen mangelt. In tief eingerissenen Schluchten stürzen brausende Gebirgsbäche zum Meere herab. Wie ein unüberschreitbarer Wall verschließt ein bis 2000 m hohes, dicht bewaldetes Gebirge das Innere ab.

Dann gelangen wir zur Astrolabebai, der wichtigsten Gegend des Kaiser-Wilhelms-Landes, dem Sitz der Verwaltung und der hauptsächlichsten Pflanzungen. Eine fruchtbare Ebene umzieht die Bucht, mit dichtem Urwald bestanden, der hart an das Meer herantritt; ein Amphitheater von Waldbergen schließt sich im Hintergrund herum. Wunderbar ist das Bild aus einiger Ferne vom Bord des sich nähernden Dampfers, ehe die nahen Küstenberge über die dahinter liegenden Bergketten emporgewachsen sind. Welch ein wildes Land! Wie die Kulissen eines Theaterprospekts türmen sich, wenn man von Norden auf Erimahafen zusegelt, zahlreiche Bergreihen, eine hinter der andern und eine immer höher als die andere, rings um die Bucht empor. Zur Linken die Finisterrekette, eine dunkle mächtige Bergwand, über Wolken emporragend, einheitlich im großen, im einzelnen aber augenscheinlich wild durchfurcht und zerklüftet. Im Mittelgrunde der Bucht der seltsam zugespitzte Örtzenberg, auf den der Einsegelnde als Landmarke zuhält. Jenseits von ihm sind unbenannte und unbekannte Ketten, die in in blauer Ferne noch von den rätselhaften Hochgebirgskuppen des Bismarckgebirges überragt werden. Das ganze Gelände wild bewegt wie ein Meer im Sturme. Man sieht schon von weitem, wie steil diese Ketten sein müssen, um sich auf so schmaler Basis zu solcher Höhe zu erheben; man ahnt unter dem dichten Urwaldpolster die schroffen Felsgehänge, die scharfen Gratschneiden, die tief eingerissenen Schluchten, in denen sich die tropischen Wasserfluten den Abfluß zur Tiefe bahnen. Weiße Wolken brauen in den feuchten Eintiefungen. In das dunkle Grün des Urwaldes sind hier und da die hellgelben Flecke eingesprengt, jene besprochenen Stätten der Zerstörung ehemaligen Waldes, wo gegenwärtig das weißgelbe Alanggras den Boden erobert hat. Je näher man herankommt, um so mehr verschwinden die fernen Ketten hinter den nahe gelegenen. Wenn endlich ganz in der Nähe die kleine Landungsbrücke von Erimahafen sichtbar wird, dann erscheinen auch dahinter einige wenige unter den Bäumen gelegene europäische Holzgebäude. Aber einsamer, mehr in der Natur verloren, als alles, was ich bisher an bekannteren Handelsstationen auf unseren Südsee-Besitzungen gesehen hatte, erscheinen die Ansiedelungen an der Neu-Guinea-Küste.

Abb. 102. Der Bienenkorb. Felsen in der Blanche-Bai. (Zu Seite 129.)

Das Finisterregebirge wurde im Jahre 1888 von Hugo Zöller bis zu seinem Kamm in einer Höhe von 1525 m bestiegen. Zöller drang im Flußtal des in Kaskaden von dem Gebirge herabstürzenden Kabenauflusses vor. Der Rücken des Gebirges erwies sich so schmal, daß kein Platz zum Lagern war und die Ersteigung der steilen Hänge war vielfach nur möglich gewesen, indem man sich an den Sträuchern und Bäumen mit den Händen emporziehen half. Moosbedeckter Hochwald mit zahlreichen gefallenen und am Boden vermodernden Riesenbäumen erfüllte alles. Doch gelang es Zöller, vom Kamm aus einen wertvollen Blick in das Innere zu tun. Er sah hier ein Hochgebirgsbild von unsagbarer Großartigkeit, im Hintergrunde abgeschlossen von dem des weit über 4000 m sich emportürmenden Bismarckgebirges, das schon Finsch von der Küste aus gesehen und mit diesem Namen benannt hatte. Ihm war noch eine weitere mächtige Kette vorgelagert, die Zöller Krätkegebirge taufte. Der ebenfalls von ihm benannte Ottoberg, in dem sie gipfelte, schien Schnee zu tragen.

Bei den Expeditionen auf dem Ramuflusse ist man dem Fuß des Bismarckgebirges noch näher gekommen. Soweit bis jetzt bekannt, besteht dies vermutlich höchste Gebirge Neu-Guineas aus mehreren Parallelketten, deren oberste Teile äußerst schroff und so eigentümlich zerrissen sind, daß man an Schneewirkungen denken möchte. Wahrscheinlich ragen sie vollkommen kahl empor, und wenigstens nach regnerisch kalten Tagen scheinen sie wirklich weiße Schneehauben zu tragen. Weiter unterhalb deuten leichte graue Schimmer auf Gräser und Alpenkräuter hin; die übrigen Teile des Gebirges sind dicht bewaldet. Seine höchsten Erhebungen liegen zwischen 4300 und 5000 m: Wilhelm-, Marie- und Ottoberg. Ein breites Tal trennt das Bismarckgebirge von dem weiter im Westen gelegenen Hagengebirge (ca. 4000 m).

Erimahafen enthält unter den Bäumen des Strandes nur eine Reparaturwerkstatt und ein Sägewerk (Abb. 66). Die Hauptansiedelung, für welche es den Hafenplatz bildet, ist das südlich davon gelegene Stephansort, ehedem, nach Aufgabe von Finschhafen, der Hauptsitz der Neu-Guinea-Kompanie. So sehr wir die Ursprünglichkeit Neu-Guineas betont haben, hier finden wir doch die erste Eisenbahn unserer Südsee-Gebiete. Allerdings werden die Wagen nicht von einer Lokomotive, sondern von ein paar Zebuochsen gezogen, die an einer langen Querstange derart befestigt sind, daß sie auf beiden Seiten neben dem schmalen Feldbahngeleise herlaufen. Auf dem für die Bahn gehauenen Wege

Abb. 103. Vulkane Mutter und Tochter. (Zu Seite 129.)

Abb. 104. Landschaft auf der Gazelle-Halbinsel, gegenüber Matupi.
Nach einer Aufnahme von Dr. Hansen. (Zu Seite 129.)

bewegt man sich mitten durch den mächtigen Urwald, dessen Wände gleich undurchdringlichen Mauern zu beiden Seiten emporragen (Abb. 67). In der überwältigenden Fülle von Pflanzenformen wird es dem Auge schwer, einzelne charakteristische Gestalten herauszufinden; das Ganze ist eine einzige, dichte, üppige und dem Menschen fremde, fast feindselige Masse, angesichts deren es wohl zu verstehen ist, wenn die Eingeborenen dieser Tropengegenden im Walde die unheimliche Wohnstätte böser Geister sehen, die sich durch seltsame Töne hier und dort verraten, und den es nicht gut ist, zur Nachtzeit zu betreten. Gerade so sieht der Bewohner der Oasen am Rande des Tarimbeckens den Tummelplatz der Geister in den Tiefen des unnahbaren Sandmeeres, und der Eskimo der grönländischen Küste sieht das Gleiche auf den von ihm nie freiwillig betretenen Hochflächen des Inlandeises.

Stephansort enthält eine Anzahl weit verstreuter hölzerner Europäerhäuser, die der Bodenfeuchtigkeit wegen so hoch auf Pfählen stehen, daß man bequem darunter durchgehen kann (Abb. 68). Neben den weit zerstreuten Verwaltungsgebäuden, Wohnhäusern und Lagerräumen besitzt es auch ein Krankenhaus für Europäer, das (nach der Denkschrift für den deutschen Reichstag über das Berichtsjahr 1899/1900) vor der Ankunft des Professors Koch voll von Malariakranken lag, während nach zweimonatlicher Arbeit desselben von Malariaerkrankungen kaum noch die Rede war. Die ehemalige Tabakskultur von Stephansort ist 1901 eingestellt worden, da sie sich angesichts der Konkurrenz nicht lohnend genug erwies. Gegenwärtig spielt die Hauptrolle wie überall in der Südsee die Kokosnuß. Stephansort mit seinen Nebenstationen, dem schon genannten Erimahafen, dem weiter östlich an der Küste gelegenen Konstantinhafen, und dem nach der anderen Richtung in der Nähe der Gogolmündung gelegenen Maraga, besitzt einen Bestand von 70000 Kokospalmen. Daneben wird der Anbau von Kautschukbäumen betrieben (10000 Stämme), sowie von Kaffeebäumchen (Liberiakaffee 30000 Stämme, Abb. 69 u. 70). Auch Rindviehzucht, wie in Samoa, ist damit verbunden worden.

Dicht bei Stephansort am Meere liegt das große, aus 170 Hütten bestehende Eingeborenendorf Bogadjim, eine der bekanntesten einheimischen Ansiedelungen Neu-Guineas und eine Hauptquelle für Schilderungen und Abbildungen (Abb. 71) der Papua von Kaiser-Wilhelms-Land. Von den beiden, in die Astrolabebai mündenden Flüssen ist der schon genannte Kabenau nicht schiffbar. Etwas besser steht es mit dem nördlich von

Abb. 105. Mioko. (Zu Seite 131.)

Erima mündende Gogol, in den der Elisabethfluß mündet (Abb. 72). An die Astrolabebai-Ebene schließt sich jenseits des Gogolflusses die Yomba-Ebene. Ihr Eingangstor ist der schönste und brauchbarste Hafen der Neu-Guinea-Küste, der im Jahre 1884 von Otto Finsch entdeckte und benannte Friedrich-Wilhelms-Hafen: ein tiefer, flußmündungsartiger Einschnitt in die Küste, der von verschiedenen dicht bewaldeten Koralleninseln gegen den Seegang gedeckt wird (Abb. 73). In wunderbarer Schönheit entfaltet sich hier der Tropenwald, mit dichten grünen Wänden umgibt er die stille Hafenfläche, und von bezauberndem Reiz ist es, mit einem Ruderboot über den flacheren Riffboden zwischen den einzelnen Inselchen umher zu fahren. Unter schattigen Laubwölbungen gleitet der Kahn dahin; Scharen bunter Vögel beleben die phantastischen Wipfel, und in der Tiefe des klaren Wassers liegt spiegelhell unter uns die märchenbunte Welt der steinernen und lebendigen Gebilde des Korallenriffes.

Der Friedrich-Wilhelms-Hafen ist nicht übermäßig geräumig, aber so tief, daß selbst größere Schiffe unmittelbar an dem stattlichen Pier ankern können. Seit das Reich im Jahre 1899 die Verwaltung Deutsch-Neu-Guineas in die eigene Hand genommen, ist hier der Sitz für die unter dem Gouverneur von Herbertshöhe stehende Landeshauptmannschaft von Kaiser-Wilhelms-Land gewählt worden. Stattliche Europäerwohnungen mit hohen Holzveranden, ausgedehnte Lagerschuppen und Warenhäuser liegen am palmengeschmückten Strande, von dem aus ein Schienenweg zu der weiter im Hintergrunde gelegenen Pflanzung Yomba führt (Abb. 74—76). Neben der Kokospalme wird auf der Yombapflanzung auch Tabak gebaut, allein auch hier wird man diesen Betrieb nach mehrmals versuchtem Anlauf endgültig zu Gunsten anderer aufgeben. Auf der Fahrt von Erima nach Friedrich-Wilhelms-Hafen passiert man die kleine Insel Bili-Bili; diese ist unter den Eingeborenen Neu-Guineas weitberühmt. Hier findet sich nämlich ein sehr brauchbarer Töpferton, der den Bewohnern die Veranlassung zu einer großen Industrie in Töpferwaren gegeben hat. Die schönen, kugelig geformten Bili-Bili-Töpfe sind eine weit an der Küste verbreitete und hochgeschätzte Handelsware, die von den Bili-Bili-Leuten in eigenen Kanus auf langen und kühnen Fahrten vertrieben wird (Abb. 77 u. 82). Eine zweite, häufig genannte Insel ist das schön bewaldete Siar, inmitten der Korallengründe vor Friedrich Wilhelmshafen und dem sich nördlich daran anschließenden Prinz Heinrichshafen (Abb. 78). Wie Bogadjim bei Stephansort wird diese Ansiedelung, an deren Strande sich eine berühmte Schiffswerft für Neu-Guinea-Kanus befindet, häufig von Reisenden besucht und vielfach in Wort und Bild geschildert.

An der weiteren Küste, die von hier ohne wesentliche Unterbrechungen verläuft, sind nur noch wenige Punkte von nennenswerter Bedeutung. Potsdamhafen, wo auf einer Küsteninsel sich eine Handelsstation der Neu-Guinea-Kompanie befindet, die Pflanzung Ramumünde an der Mündung des Ramuflusses, Dallmannhafen und kleinere Handelsstationen (Abb. 79). Eine von größerer Wichtigkeit finden wir noch in Seleo oder Berlinhafen, wo die Dampfer des Norddeutschen Lloyd an einer 35 m langen Landungsbrücke halten. Außer einer Pflanzung betreibt die Neu-Guinea-Kompanie hier auch die Perlenfischerei.

Die einförmigen Küsten des letzten Teils von Kaiser-Wilhelms-Land tragen die Namen Hansemann- und Finschküste; es sind einförmige Waldufer, von hohen Küstengebirgen überragt.

Zwei große Flüsse münden in der Nähe des Punktes, wo der vierte Breitengrad die Küste schneidet. Der von Finsch entdeckte Kaiserin Augustafluß ist der größte Strom Kaiser-Wilhelms-Lands. Er wurde im Jahre 1887 von der Expedition Schrader bis zu 141° und 50′ östl. v. Gr. und bis zu 1000 m über der See verfolgt. Seine hohe Bedeutung für die Zukunft beruht darin, daß er einen schiffbaren Eingang in das Innere bis nahe an den Fuß seiner Ursprungsgebirge gewährt. Flaches Grasland, Sumpf und Wälder umrahmen sein gelbbraunes Wasser, das zur Regenzeit in mächtiger Überschwemmung das Land überflutet. Für eine künftige Kulturerоberung des Landes bildet er das gegebene Eingangstor. Ähnlich auch der zweite Strom, der kaum weniger bedeutende Ottilienfluß oder Ramu. Auch er ist in mehreren Expeditionen bis in das Hinterland der Astrolabebai, dem er sich im Oberlauf auf etwa 50 km nähert, durch die Ramuexpeditionen der Jahre 1896 und 1898 befahren worden, und man ist gegenwärtig dabei, einen Weg von der am Oberlauf errichteten Station bis zur Küste anzulegen.

Abb. 106. Stationshaus in Mioko. (Zu Seite 131.)

Westlich von Germaniahuk erreichen wir, in äußerlich gar nicht hervorstechender Lage, die Grenze zwischen Deutsch- und Holländisch-Neu-Guinea.

Die zahlreichen, die Küste begleitenden, weiter außen liegenden Inseln scheinen alle ausgeprägt vulkanischer Natur zu sein. So begann die längere Zeit für erloschen geltende Dampier-Insel in den neunziger Jahren eine erneute vulkanische Tätigkeit so bedrohlicher Art, daß die 1890 dort gegründete rheinische Missionsstation im August 1895 wieder aufgegeben wurde. Wir werden auf diese Inseln noch einmal bei der Behandlung des Bismarck-Archipels zurückkommen.

* * *

Die Bevölkerung Kaiser-Wilhelms-Lands, die Papua, gehören dem merkwürdigen Stamm der dunkelhäutigen Melanesier an, deren Herkunft und Rassenzugehörigkeit eines der größten Rätsel der Völkerkunde bildet. Ob diese vielfach den Urzuständen der Menschheit nahestehenden, aber doch mit mannigfachen, hoch entwickelten Fertigkeiten ausgestatteten Völker Autochthonen auf ihrem Boden sind, ob und wie sie mit den übrigen merkwürdigen Resten einer negerartigen Bevölkerung Südasiens zusammenhängen, oder mit den Negern Afrikas verwandt sind, in welchem Maße die Nachbarn in West und Ost, die Malaien und Polynesier, sie beeinflußt haben, ob wir es mit einer einheitlichen oder mit mehreren Rassen zu tun haben u. s. w., u. s. w., alles das sind Fragen, deren Beantwortung erst die Forschung der Zukunft zu lösen hat. Mit großer Eindringlichkeit erhält der Reisende bei der Berührung mit den Völkern Neu-Guineas und des Bismarck-Archipels den Eindruck, daß er hier anthropologischen und ethnologischen Problemen gegenübersteht, deren Lösung uns der Erkenntnis der Herkunft und Rassendifferenzierung der Menschheit überhaupt wahrscheinlich sehr viel näher bringen würde.

Abb. 107. Eingeborene der Insel Djaul. (Zu Seite 132.)

Nach körperlichen Merkmalen, Sitten und Sprache scheint zwar im großen und ganzen eine nahe Verwandtschaft zwischen den Einzelvölkern Melanesiens zu herrschen, aber größer als irgendwo sonst auf der Erde sind die Unterschiede der Stämme, selbst auf kurze Entfernungen hin. Alle Spielarten der Hautfarbe zeigen sich, vom direkt negerhaften Schwarzbraun bis zu einem Gelb, das heller als die Farbe der Malaien ist. Neben den kraushaarigen finden wir schlichthaarige, neben den schmalgesichtigen breitgesichtige Leute; neben kühn vorspringenden Adlernasen breite und platte Bildungen. Ganz besonders stark aber ist die sprachliche Zerrissenheit. Es ist bekannt, daß in Neu-Guinea fast jede Dorfschaft einen anders gefärbten Dialekt spricht, meist von solchem Unterschied, daß wenige Kilometer entfernte Dörfer sich durchaus nicht verstehen. Nur der Kenner sieht, daß es sich dabei nicht um verschiedene Sprachen, sondern nur um sehr starke dia-

Abb. 108. Dorf auf den Admiralitäts-Inseln. (Zu Seite 133.)

lektische Abweichungen handelt. Jedenfalls sind die Melanesier, die wohl seit einer langen Zeit in ihren Sitzen wohnen, durch Malaien und Polynesier, vielleicht auch durch mongolische Chinesen, sowohl in ihrer Blutmischung wie in ihrem Kulturbesitz stark beeinflußt worden.

Die Leute von Kaiser-Wilhelms-Land sind für unsere Begriffe mittelgroß, schlank und gut gewachsen, weniger muskulös als wir, und im allgemeinen von einer sehr viel dunkleren Hautfarbe als die Mikronesier und Polynesier. Ihr krauses Haar ist von großer Üppigkeit, wächst aber nicht, wie man zeitweilig glaubte, büschelförmig, wie bei den Hottentotten und Buschmännern. Die Köpfe sind im Unterschied von den brachycephalen Polynesiern und Melanesiern langschädelig, die Nasen vorspringend und oft wie bei den Yabim am Finschhafen auffallend semitisch geformt. Letzterer Punkt wird immer wieder von den Reisenden hervorgehoben und er ist mir auch selbst in der Gegend von Friedrich Wilhelmshafen mit großer Deutlichkeit entgegengetreten (Abb. 80). Die höchst interessante Angabe der Eingeborenen in der Gegend des Hüongolfs, daß Zwerge in ihren Wäldern lebten, hat leider bisher noch nicht genauer untersucht werden können.

Der Unterschied der Geschlechter ist ziemlich stark. Die Frauen sind im allgemeinen kleiner und zierlicher gebaut als die Männer. Wie oft bei Naturvölkern schmücken sich die Männer mehr als die Frauen und sind eitler als sie. Die jungen Männer mit ihrer kunstvoll aufgebauschten, riesigen, mit Vogelfedern, zierlichen Kämmen und bunten Stirnbändern geschmückten Haarfrisur, mit massenhaftem Schmuck auf dem rotbemalten Oberkörper, mit der in einem engen Bastgurt eingeschnallten Taille, deren Umfang dadurch gelegentlich bis zu 65 cm vermindert wird, um den Brustkorb recht heraustreten zu lassen, geben den vollendeten Typus eines Stutzers, und man sieht ihnen, wenn sie im Hafen derart geschmückt an Bord kommen und sich anstaunen lassen, das Bewußtsein ihres überwältigenden Eindrucks wohl an (Abb. 81).

Die Tätowierung ist in Kaiser-Wilhelms-Land anscheinend unbekannt. An ihre Stelle tritt die Bemalung mit schwarzen, gelben und vorzugsweise roten Farben. Rot ist die Farbe der Freude, und da der Melanesier im Gegensatz zu dem ernsten, schweigsamen Malaien vorwiegend von heiterer, ja ausgelassener Natur ist, beweglich und aufdringlich, wie der ihm so ähnliche Neger, so entspricht diese Farbe in den meisten Fällen seiner

Abb. 109. Eingeborene von Mock, Admiralitäts-Inseln. (Zu Seite 133.)

Gemütsstimmung. Üblich ist auch das Einbrennen kleiner Ziernarben und das Schwarzfärben der Zähne. Letzteres aber ist kostspielig und daher nur den Wohlhabenden zugänglich.

Die Leute des Gebirges pflegen den Unterkörper, insbesondere die Beinmuskeln durch das Bergsteigen stärker entwickelt zu haben, die der Küste den Oberkörper und die Arme durch das Rudern. Die Bewohner der fruchtbaren Niederungen mit reichen Kokos- und Taropflanzungen erscheinen stattlich und wohlgenährt, die armseligen Bergstämme des Innern abgezehrt und unansehnlich. Die Kleidung weist ebenfalls große Unterschiede auf. Im allgemeinen gehen die Leute des Innern „einfacher“ gekleidet als die der Küste (Abb. 83). Vollkommen unbekleidet bleiben die Männer am oberen Augustafluß. Am Ottilien- und Gogolfluß tragen die Männer einen Tapaschurz, die Weiber und Kinder Bastschürzen. Auch an der Küste bekleiden sich die Männer meist nur mit dem lohfarbenen Schurz aus geklopfter Baumrinde, die Frauen haben Röckchen aus Gras oder Fasern, oft bunt gefärbt und hübsch von Ansehen. Wenn sie sich bewegen, so schwenken sie diese koketten Kleidchen hin und her, und man sieht, daß sie in der Kunst des Gefallens durchaus eine ähnlich würdige Lebensaufgabe erblicken wie die Damen bei uns. Im allgemeinen sollen die Frauen, wie bemerkt, weniger Schmuck tragen als die Männer, doch kann ich nur sagen, daß die jungen Mädchen, die ich auf Siar sah, Hals und Brust gradezu überhäuft hatten mit prachtvollen Ketten aus Muscheln und Eberhauern, nicht weniger als die Männer (Abb. 84). Ihr Haar pflegen sie allerdings sehr wenig, während die Männer darauf ein außerordentliches Gewicht legen. Was beim Pfau das Rad, bei dem Löwen die Mähne, ist anscheinend bei dem Papua seine großartige Haarkrone. Meist wird das Haupthaar zu einer weitabstehenden, zottigen Kappe aufgebauscht, mit Kakadu-, Kasuar- oder Hühnerfedern geschmückt, an manchen Stellen auch mit hübschen Kämmen aus Holz und Bambusrohr besteckt. Daneben kommt eine Fülle anderer Haartrachten vor. Zöpfe und Schöpfe, Sonderung in verfilzte Klümpchen und Zotten u. dergl. Hier vergrößern sie den Eindruck des natürlichen Haarwuchses noch durch Kopfbänder von geschorenen Kasuarfedern, dort setzen sie runde, hohe Zylinder aus Baumrinde auf u. s. w.

Unerschöpflich ist die Mannigfaltigkeit des Schmuckwerks um Hals, Brust, Arme, in Ohren und Nasen. Kunstwerke geradezu sind die Brustschilder aus Eberhauern, mit zierlichem Flechtwerk umrandet, mit Muscheln und roten Bohnen oder den Schneidezähnen des Hundes besetzt. In einem großen Tragbeutel führt der Mann stets die unentbehrlichen Utensilien: die Ingredienzien des Betels, Bambusmesser, Tabak, Färbematerial u. dergl. bei sich.

Die Zahl der Eingeborenen Kaiser-Wilhelms-Lands wird nach Supan gewöhnlich auf rund 110000 angegeben. Das ist jedoch eine Notbehelfszahl, nur annähernder Schätzung entstammend. In Wirklichkeit können wir bei der überaus geringen Kenntnis des Innern und bei den bisher sehr spärlich entwickelten Beziehungen der Europäer zu den Eingeborenen kaum etwas über die wirkliche Zahl der Bevölkerung aussagen. Jedenfalls ist die Besiedelung selbst an der Küste ziemlich dünn; ganz besonders in dem kulturell am niedrigst stehenden Osten des Kaiser-Wilhelms-Lands. Im Innern ist sie anscheinend noch spärlicher, wenigstens in den höher gelegenen Teilen, während die Niederung des Kaiserin Augustaflusses zahlreiche Dörfer aufwies. Am reichsten bewohnt erscheinen die auch kulturell obenan stehenden unmittelbaren Küsteninseln. Der größte Teil des Innern scheint gänzlich unbewohnt zu sein.

Die Wohnungen der Eingeborenen differieren sehr, je nach der größeren oder geringeren Wohlhabenheit. So haben wir an der Küste in den östlichen Teilen unseres Gebiets niedrige Hütten, die mehr für Tiere als für Menschen geeignet erscheinen, unmittelbar auf ebenem Boden, ähnlich am oberen Augustafluß, wo wir es mit ärmlichen Stämmen zu tun haben. In reicheren Gegenden finden wir oft sehr kunstvolle und geräumige Pfahlbauten, bei denen das viereckige Haus auf einer hohen Plattform ruht. Die Seitenwände bestehen aus Mattenflechtwerk; im Innern liegt über dem Wohnraum noch ein Boden. Die Giebel, über welche das in manchen Gegenden seitlich bis zum Boden reichende Hausdach weit vorspringt, sind mit kunstvollen Schnitzereien geschmückt. In der Gegend von Finschhafen und am Hüongolf trifft man auch die seltsamen, phantastischen Baumhäuser, die, wohl zur besseren Verteidigung, in gewaltiger Höhe über dem Boden auf mächtigen Baumriesen angelegt sind. Oben über der abgeschnittenen Krone ist eine Plattform errichtet, auf der ein regelmäßiges, stattliches Haus ruht; mit einer aufziehbaren Strickleiter sind sie zu ersteigen. Andere Wohnstätten liegen in dem Wasser flacher Küstenlagunen auf Stangengerüsten und führen uns die Zustände unserer Pfahlbauzeit vor Augen. In der Mehrzahl der Dörfer finden wir ein besonders großes Gebäude als Versammlungshaus (Abb. 85 u. 86). Andere Gebäude dienen als „heilige Häuser“, Kultstätten der in dem betreffenden Stamme verehrten, bezw. gefürchteten Geister, Aufbewahrungsorte gewisser Gerätschaften u. s. w. In Berlinhafen gibt es turmähnliche Häuser, Karewari genannt, in denen die Beschneidung der Knaben vorgenommen wird (Abb. 87). Besonders wegen seines künstlerischen Schmuckes berühmt ist das heilige Haus auf der Insel Tarawai (Abb. 88).

Der Hausrat im Innern beschränkt sich auf Holzschüsseln, Töpfe aus Ton, wie sie die Bili-Bili-Leute so ausgezeichnet herstellen, Röhren aus Bambus, die zum Wasserholen dienen, geflochtene Körbe und Matten. In einem mit Sand gefüllten Holzkasten wird unausgesetzt ein Feuer unterhalten, das meist nicht selbst zum Kochen dient — dies geschieht in der Regel außerhalb des Hauses — sondern nur die wertvolle Glut stets bereit hält, denn in vielen Küstendörfern ist die Entzündung des Feuers eine unbekannte Kunst. Ist die Herdflamme ausgegangen, so muß man sich an die Bergvölker wenden, welche die geheimnisvolle Kunst besitzen, die Flamme hervorzurufen. Als nächtliches Kopflager fertigt man in gewissen Gegenden ungemein zierliche Bänkchen aus Holz mit reicher, durchbrochener Schnitzerei.

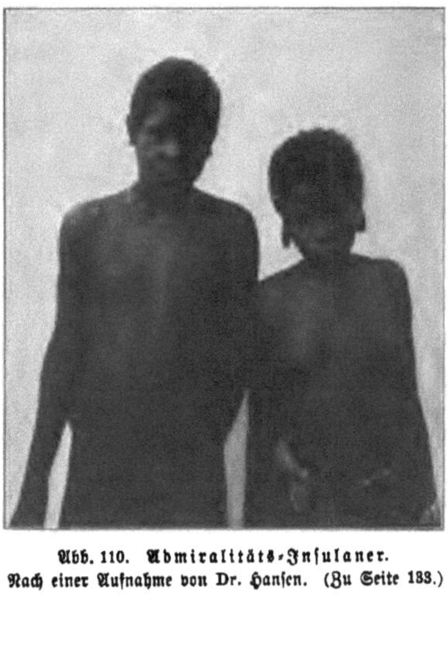

Abb. 110. Admiralitäts-Insulaner.
Nach einer Aufnahme von Dr. Hansen. (Zu Seite 133.)

Im allgemeinen leben die Eingeborenen noch durchaus im Steinzeitalter. Eine Steinaxt ist das Hauptgerät des Mannes, das er immer bei sich führt. Andere Werkzeuge stellen sie sich aus Muschelschalen, Känguruhknochen, Fischgräten u. dergl. her. Erst neuerdings dringt durch den Europäer die Verwendung von Eisen vor. Um so erstaunlicher ist der Reichtum von Schmucksachen und Gerätschaften, die sie mit diesen ursprünglichen Mitteln herstellen. Die Kunstfertigkeit der Melanesier und die Freude am Schmuck überragt bei weitem dasjenige, was die Bewohner unserer übrigen Südsee-Inseln darin leisten. Es ist unmöglich, auf alle die verschiedenen Zieraten und Dekorationsschnitzereien einzugehen, die unsere Museen füllen. Die Tami-Insulaner in der Nähe von Finschhafen verfertigen reizend geschnitzte, bunt bemalte Kanu-Modelle. Auch verstehen sie das Schildpatt zu Ringen und Armbändern rundzubiegen. In den Gegenden unweit von Berlinhafen und Dallmannhafen stellt man wunderlich geschnitzte, spitznasige, bunt bemalte Masken, auf Bili-Bili kunstvolle bunte Kanu-Schnäbel, auf Siar und der benachbarten Insel Ragetta höchst kunstvoll geschnitzte Fischfiguren von verschiedener Gestalt her u. s. w. Besonders sind die Bewohner der östlich von Berlinhafen der Küste vorgelagerten Insel Tarawai, einer der hervorragendsten Kulturstätten Neu-Guineas, für ihre Schnitzereien berühmt. Eine reiche Phantasie und ein lebhafter Farbensinn prägt sich in all diesen Kunstgegenständen aus. Leider hat auch hier wie überall in der Welt das Eindringen des Europäers eine Verschlechterung der einheimischen Kunst und Industrie im Gefolge gehabt. An die Stelle der ehemals sorgfältig und mühevoll hergestellten Arbeiten wird jetzt für die Fremden billige Schundware hergestellt.

Sehr interessant entwickelt ist an verschiedenen Stellen der Küste der Kanu-Bau (Abb. 89). Als größte Schiffsbauer sind die Leute von Siar, Bili-Bili, Tami und Guap bekannt. Auf Siar sah ich eine richtige Schiffswerft, auf der zahlreiche Kanus, augenscheinlich für den Handel, gleichzeitig angefertigt wurden. Diese mit Auslegern versehenen Schiffe hatten eine mächtige Plattform mit einem hoch aufsteigenden Aufbau, von Masten und Stangen überragt. Ein halbmannshohes, kastenförmiges Gitterwerk nahm den untersten Teil der Plattform ein. Er ist bestimmt zur Aufnahme von Waren, Proviant und des immer mitgeführten Feuertopfes mit glimmender Kohle. Darüber lag ein mit Geländer umgebener Boden. Die besseren dieser Kanus wurden mit großen, kunstvollen Malereien an den äußeren Bretterwänden der Plattform versehen. Eine solche stellte den Fang eines Fisches durch drei mit wunderlichem Haarschmuck versehene Männer vor (Abb. 90).

Abb. 111. Mädchen von den Admiralitäts-Inseln. (Zu Seite 133.)

Mit diesen Kanus führen die Papua weite Küstenreisen aus. Es hat sich zum Teil bereits ein organisierter Handelsverkehr entwickelt. Auch auf den größeren Flüssen des Inneren findet man Kanus, hier meist ohne Ausleger,

Abb. 112. St. Matthias-Insulaner kommen über das Riff zum Schiffe.
Nach einer Aufnahme von Dr. Hansen. (Zu Seite 134.)

wie das häufig schmale Fahrwasser notwendig macht. Dagegen begnügen sich andere Gegenden wieder mit ungemein primitiven Fahrzeugen; ja selbst auf einfachen Baumwurzeln kann man die braunen Gestalten kühn durch die Brandung dem ansegelnden Schiff entgegenfahren sehen.

Jagd und Fischfang betreiben die Eingeborenen von Kaiser-Wilhelms-Land mehr als Sport, denn zu Nahrungszwecken. Ihre ausgesprochene Lebensgrundlage ist der Ackerbau, den sie noch heut in jener primitiven Weise ausüben, wie ihn die kulturgeschichtlichen Forschungen auch bei unseren eigenen Vorfahren nachgewiesen haben. Die Bestellung eines Gemeindefeldes beginnt mit einer Rodung des Waldes durch Feuer. Diese grobe Arbeit verrichten die Männer. In die Lichtung hinein säen und pflanzen dann die Weiber, denen die weitere Bestellung des Ackers obliegt. Alle paar Jahre wechselt die Lage der Pflanzung, da Düngung und rationelle Fruchtfolge unbekannt ist. Yams und Taro sind hier wie anderswo in der Südsee die Hauptfeldfrüchte. Die Bananen spielen eine geringere Rolle. Daneben baut man Zuckerrohr, Kürbisse, Gurken, neuerdings auch Bataten, Mais und Wassermelonen. Auch hier ist die Kokospalme neben diesem allen für das Dasein des Eingeborenen unentbehrlich.

Sorglos und heiter verläuft dem Papua die Kindheit. Eltern und Verwandte lieben die kleinen Buben und Mädchen aufs zärtlichste und verhätscheln sie in jeder Weise, so daß sie kaum je ein böses Wort hören und tun und treiben können, was sie wollen (Abb. 91). Von jedem Reisenden wird die niedliche Drolligkeit und Zutunlichkeit der kleinen Geschöpfe mit Vergnügen geschildert, die ihr Spielzeug, ihre Greif- und Laufspiele haben ganz wie unsere Kinder.

Die Verwandtschaft des Papua geht weniger nach Vater und Mutter, als nach der ganzen Familiengruppe, der das Elternpaar angehört. Der Mann ist im allgemeinen der bevorrechtete Teil, die Frauen müssen mehr als bei den polynesischen Völkern die Arbeit für ihn verrichten. Allein eine Sklavenstellung hat die Frau gegenüber dem Manne trotz polygamischer Eheeinrichtungen nicht; sie behält immer einen Rückhalt ihm gegenüber an der Familie, aus der sie stammt.

Die Bestattung der Gestorbenen erfolgt in der Erde nahe bei den Häusern oder unter ihnen. Oft freilich werden die Leichen in unvollkommen balsamiertem Zustande eingewickelt im Innern der Häuser aufbewahrt. Sie hängen dort in Paketen von der Decke herunter und tragen nicht zur Verbesserung der Luft im Innern bei. Eine gewisse Trauerzeit wird von den Überlebenden beobachtet. Ist sie vorüber, so wird dies Ereignis, wie viele andere Anlässe, mit einem großen Schweineschmaus gefeiert.

Wenig bekannt sind uns noch die religiösen Anschauungen der Papua. Man hat behauptet, daß sie ganz ohne Spuren einer Religion seien. Das ist nun wohl nicht

Abb. 113. St. Matthias-Insulaner.
Nach einer Aufnahme von Oberleutnant Fleck. (Zu Seite 134.)

richtig, indes, was wir im allgemeinen unter Religion verstehen, ist zweifellos bei ihnen nur in den allerrohsten Anfängen ausgebildet. Sie glauben an eine Fortexistenz nach dem Tode, kennen ein Totenland, wohin die Gestorbenen sich begeben, und eine Art Ahnenverehrung scheint sich hier und dort daraus zu entwickeln; gewisse Schnitzereien deutet man als Ahnenbilder. Allein eine höhere Vorstellung ist damit nicht verbunden. Auch diese Ideen münden aus in den krassen Gespensterglauben und die Spukfurcht, die das ganze Leben des Papua in einer Weise durchdringt, ihn quält und ängstigt und unfrei macht, wie es kaum irgendwo bei einem Volke schlimmer vorkommt. Die Seelen der Verstorbenen spuken in Irrwischgestalt nächtlich umher und suchen den Lebenden zu schaden; aber auch Lebendigen schreibt man die Fähigkeit des Verzauberns zu. Überall wittert der Papua Hexen und Zauberer. Er hütet sich ängstlich, besonders in einem anderen Dorfe, einen Gegenstand, der ihm gehört, zu verlieren, damit nicht ein anderer sich in den Besitz davon setzen und ihn damit verzaubern kann. Krankheit und Tod werden auf Verzauberung gedeutet, und Krieg und Blutvergießen ist oft die Folge eines solchen Verdachts. Nie wird auch der Papua nach Einbruch der Dunkelheit ohne Licht auszugehen wagen, weil seine unruhige Kinderphantasie jeden Schatten mit unheimlichen Wesen bevölkert. Auch eine Art Seelenwanderungsglaube findet sich. Die Seele kann in Tiere übergehen oder früher in solchen gehaust haben. Das Tabu der Polynesier hat ebenfalls Eingang gefunden. Ein Büschel aus Kokosblättern, an einer Palme aufgehängt als Tabuzeichen, schützt diese sicher vor Beraubung. Für Frauen und Kinder sind die Versammlungshäuser der Männer Tabu.

Götzenbilder oder Ahnenfiguren werden vielfach geschnitzt (Abb. 92); einen Priesterstand jedoch gibt es unter ihnen anscheinend nicht, wohl aber besteht eine gewisse Freimauerei unter den Männern den Frauen gegenüber, denen allerhand Spukgeschichten weisgemacht werden, um sie dadurch in Furcht und Zittern zu regieren. So dürfen zum Beispiel von den großartigen Zeremonien, welche mit der bei einigen, nicht bei allen, Stämmen üblichen Beschneidung der Knaben verbunden sind, die Weiber nicht nur nichts erfahren, sondern sie müssen bei Todesstrafe den Ort der Feierlichkeit und die Begegnung mit den Festteilnehmern vermeiden und an schreckliche Geistervorgänge glauben. In der Gegend von Finschhafen reden die Männer ihnen vor, daß um diese Zeit ein furchtbares Ungeheuer in das Dorf komme, Balum genannt. Eine Hütte von ca. 30 m Länge, die nach hinten zu niedriger wird, gilt als Wohnung des Balum. Vor ihrem Eingang sind auf das Palmengeflecht der Wand große Augen gemalt. Oben aus dem Dache ragt zur Andeutung der Haare des Untiers die Wurzel einer Betelpalme hervor. Aus dem Innern ertönt zeitweilig ein Brummen, das für die Weiber die Stimme des Balum bedeuten soll. Sie wird in Wirklichkeit erzeugt durch ein Gerät, das mit unseren Waldteufeln einige Ähnlichkeit hat. Dieses Untier soll die Knaben verschlingen, und sie müssen ausgelöst werden durch ein Opfer von großen, fetten Schweinen, für welche der Balum die Knaben wieder von sich gibt, um an ihrer Stelle die Schweine zu verzehren. In Wirklichkeit veranstalten natürlich die Männer einen ungeheuren Schmaus, auf welchem, infolge der Abwesenheit der Frauen, die Portionen natürlich in erfreulicher Größe ausfallen. Ein ähnlicher Geheimkult knüpft sich bei Bogadjim an den Namen Asa, den Dr. B. Hagen in seinem großen Werke „Unter den Papuas in Deutsch-Neu-Guinea" ausführlich bespricht. Was hinter diesem eigentlich steckt, und ob etwas dahinter steckt und das Ganze nicht nur eine lächerliche Farce zum Schrecken der Weiber ist, wissen wir noch nicht genau. Jedenfalls liegt etwas dem Dukduk von Neu-Pommern Wesensverwandtes vor. Wie dort wissen auch hier wohl die Damen längst genau Bescheid, aber sie sind klug genug, auf diese Spiegelfechterei einzugehen.

Feste Rang- und Standesunterschiede, abgesehen von solchen, die auf persönlicher Kraft oder Besitz beruhen, gibt es unter den Papua von Kaiser-Wilhelms-Land so gut wie gar nicht. Wir blicken hier, wie Hagen höchst geistvoll ausführt, in die geheimnisvollen Anfänge aller staatlichen Bildung. In der Regel besteht ein Dorf aus mehreren Familienverbänden mit je einem Familienoberhaupt. Gelegentlich bringt es eines dieser letzteren zu einer Art Häuptlingsstellung, doch sind dies erst die noch unausgebildeten Keime zu wirklicher Macht; im Grunde fühlen sich alle Familienmitglieder gleichberechtigt und selbständig. Oberste Instanz ist die gemeinsame Ratsversammlung, bei der natürlich der beste Sprecher besonderen Einfluß gewinnt. Man hat die Stufen der staatlichen Entwickelung als ein Mittelding zwischen Geschlechts- und Gaugenossenschaft bezeichnet, die Dorfschaften, von denen sich in einzelnen Fällen auch mehrere zu einem Stamm zusammenschließen, sind kleine Trutz- und Schutzbündnisse zum Teil auf Blutsverwandtschaft, zum Teil auf Gemeinsamkeit der Sprache und Tradition beruhend. Nach außen stehen sie feindlich allen übrigen Dörfern oder Stämmen gegenüber. Die einzelnen kommen selten über die Grenze ihrer Umgebung heraus; schon die außerordentliche sprachliche Zersplitterung trägt zu dieser Isolierung bei.

Innerhalb der Dorfschaft besteht ein weit entwickelter Kommunismus. Das Landgebiet ist gemeinsamer Besitz und wird gemeinsam bearbeitet. Auch die Jagd- und Fischereibeute gehört der Gesamtheit. Die Beleidigung des einen trifft die Gesamtheit und die Blutrache herrscht infolgedessen und ist die häufigste Veranlassung zu den „Kriegen" zwischen benachbarten Dörfern, die unter althergebrachten Formen angesagt und geführt werden. Der Kampf geht selten von Mann gegen Mann, sondern besteht meist in Überfällen aus dem Hinterhalt. Sind einige Krieger einer Partei gefallen, so flüchten die übrigen. Die Sieger ziehen heim und halten wieder einmal einen ungeheuren Schweineschmaus.

Hier und dort kommt es noch vor, daß auch die Erschlagenen verzehrt werden, so in der Nähe von Finschhafen und an einigen Stellen des Hüongolfes; jedoch ist die Menschenfresserei heut in Kaiser-Wilhelms-Land nur vereinzelt zu finden.

Ein Geld, wie wir es bei den Mikronesiern so interessant beobachten konnten, hat sich bei den Papua noch nicht herausgebildet (Abb. 93). Der Handel beruht noch ganz auf Tausch, und den Wert eines Gegenstandes bestimmt das augenblickliche Begehren. Immerhin aber genießen doch einige Gegenstände eine so allgemeine Schätzung, daß man sie als eine Art Wertmesser für die Besitztümer der Eingeborenen bezeichnen kann. Das größte Wertstück — nächst dem Schwein — ist der Eberzahn, der aber vollkommen ring-

Abb. 114. St. Matthias-Insulaner.
Nach einer Aufnahme von Oberleutnant Fleck. (Zu Seite 134.)

förmig geschlossen sein muß, um die volle Schätzung zu erlangen. Für zwei Eberhauer pflegt man ein großes Schwein zu kaufen. Auch die Hundezähne haben einen sicheren Marktwert. Zweihundert von ihnen gehen nach Krieger auf einen Eberhauer.

Eine große Angelegenheit sind die Tänze. Zum Teil bestehen sie aus pantomimischen Darstellungen, ähnlich wie wir sie in Samoa kennen lernten. Auch hier werden mit erstaunlichem Geschick Wesen und Bewegungen der Tiere in choreographischer Stilisierung nachgeahmt. Wie der Kasuar schreitet, wie die Reiher ihre Jungen füttern, wie der Hahn der Henne den Hof macht, wie das Känguruh von den Hunden verfolgt wird u. s. w., wird mit Grazie und Komik vorgeführt. Die Männer entfalten bei diesen Tänzen eine hohe Gewandtheit, die Frauen eine oft überraschende Zierlichkeit. Auch Kreis- oder Reihentänze führen sie auf mit Vortänzerinnen wie in Samoa. Die Frauen sind dabei mit hübschen Blatttournüren geschmückt und bunt bemalt, die Männer tragen stellenweise Tanzmasken und große Kopfputze aus Federn und Früchten. Der begleitende Rhythmus wird auf sanduhrartig geformten Trommeln geschlagen.

Die musikalische Kunst steht allerdings auf einer erheblich geringeren Stufe als bei den Polynesiern. Ihre im Fistelton vorgetragenen Gesänge zeigen erst die Anfänge einer geschlossenen Melodiebildung.

Der Polynesier wird im allgemeinen, wie wir sahen, in seinem Charakter günstig beurteilt, ja oft begeistert gepriesen. Der Papua von Kaiser-Wilhelms-Land findet umgekehrt meist eine sehr absprechende Beurteilung. Sein Charakter wird als mißtrauisch, eigennützig, unzuverlässig, rachsüchtig hingestellt; Lügenhaftigkeit, Grausamkeit, Neid und Eitelkeit wird ihm zugeschrieben. Er sei scheu, wo er ängstlich ist, laut und zudringlich dagegen, wo er keine Gefahr sieht. Wahrscheinlich liegt aber ein großer Teil dieses Eindruckes an der überaus geringen Kenntnis, die wir von ihm besitzen und der Fremdheit, die infolgedessen zwischen ihm und dem Europäer besteht. Die richtige Behandlung des Eingeborenen ist noch ein kaum angeschnittenes Problem. Viele Fälle von Feindseligkeit gegen den Europäer, wie sie — verhältnismäßig weniger noch von den anscheinend friedfertigeren Leuten von Neu-Guinea selbst, als von ihren nahen Verwandten auf den Inseln des Bismarck-Archipels — berichtet werden, sind unzweifelhaft auf Miß-

Abb. 115. Eingeborene der Gazelle-Halbinsel vor ihren Hütten.
(Zu Seite 136.)

Abb. 116. Plantagen-Arbeiter in Ralum, Gazelle-Halbinsel. (Zu Seite 136.)

verständnisse zurückzuführen, zu denen die meist völlige Unkenntnis der Sprache, Sitten und Anschauungen der Eingeborenen die Veranlassung gaben. Es werden andererseits auch recht sympathische Züge von ihnen berichtet, wie z. B. die Liebe zu ihren Kindern, die Sorgfalt ihrer kleinen industriellen Arbeiten, der Fleiß und Eifer auf ihren eigenen Pflanzungen. Vielleicht können sie bei verständnisvoller Leitung doch in steigendem Maße zu einer nützlichen Teilnahme an der Kulturarbeit in Kaiser-Wilhelms-Land herangezogen werden.

VII.

Der Bismarck-Archipel.

Die Inselwelt im Nordosten des Kaiser-Wilhelms-Lands, die heute unter dem Namen des gewaltigen unvergeßlichen Mannes zusammengefaßt wird, der hier die Anfänge unseres politischen Besitzes in der Südsee gründete, ist wahrscheinlich schon von den ersten spanischen Seefahrern gesehen worden, die den Rückweg von den Philippinen nach Mexiko suchten, doch haben wir von ihren Entdeckungen keine brauchbare Kunde. Auch die späteren Berührungen der Holländer Le Maire und Schouten und Abel Tasman im siebzehnten, die der Engländer und Franzosen, wie Dampier, Bougainville, d'Entrecasteaux, Dumont d'Urville im achtzehnten Jahrhundert haben so wenig Klarheit über sie geschaffen, daß noch bei der deutschen Besitzergreifung selbst der Küstenverlauf der Inseln auf große Strecken hin gänzlich unsicher war und das Innere vollends eine terra incognita ähnlich wie Neu-Guinea vorstellte. Deutscher Arbeit fiel mit dem Besitz zugleich die Ehrenpflicht zu, diese Lücken auszufüllen, doch müssen wir bekennen, daß wir auch hier wie im Kaiser-Wilhelms-Land, wenigstens was das Innere der größeren Inseln betrifft, noch in den Anfängen stehen. Immerhin ist die Übersicht in großen Zügen heute möglich.

Wenn irgend ein Teil der Erdoberfläche, so bietet der Bismarck-Archipel sichtlich das Bild von Trümmern einer ehemals zusammenhängenden Erdscholle dar und soweit die wirkliche Durchforschung der Inseln reicht, bestätigt sie auch diese Anschauungen.

Wie bei Neu-Guinea haben wir es auf den Inseln des Bismarck-Archipels im Gegensatz zu den polynesischen und mikronesischen Eilanden mit einer großen Mannigfaltigkeit von Gesteinsbildungen zu tun. Sie sind aus älterem Sedimentgestein und Eruptivgestein der verschiedensten Erdperioden zusammengesetzt. Aus dem Geröll der Bäche, die aus dem unbekannten Innern hervordringen, konstatiert man das Vorhandensein von Tonschiefer, Sandstein, Porphyren; Korallenriffe begleiten die Küste, wo sie nicht zu steil in große Meerestiefen hinabsinken, und gehobene Korallenkalkmassen finden sich vielfach an den höheren Gehängen. Im Zusammenhang mit dem Niederbruch

Abb. 117. Schutztruppe in Herbertshöhe. (Zu Seite 136.)

gewaltiger Schollenteile in die See steht auch hier eine rege vulkanische Tätigkeit, welche die Inseln reich mit wundervoll geformten Kraterkegeln besetzt und große Teile von ihnen durch Aufschüttung umgestaltet hat. Einige dieser Vulkane sind noch in lebhafter Tätigkeit. Heiße Quellen, Geysirbildungen, Schwefelausströmungen und zahlreiche Erdbeben zeugen von der Fortdauer der gewaltsamen Veränderungen, welche die Erdoberfläche hier erleidet.

Schon der äußere Anblick der Karte legt die Vermutung nahe, daß wir es in den beiden Hauptinseln mit einem bogenförmigen Faltungsgebirge zu tun haben, welches in eigentümlicher Weise die Gestalt jenes nur wenig weiter im Westen gelegenen großen Gebirgsbogens wiederholt, der von den Kleinen Sunda-Inseln heranzieht, und einen Bogen von fast genau gleicher Gestalt und Größe um die Bandasee herum bis zu den südlichen Molukken schlingt. Wie in der Bandasee ein tiefer Einbruchskessel den Innenraum dieses Bogens einnimmt, so haben wir auch im Innern des Bogens von Neu-Pommern und Neu-Mecklenburg und seiner Fortsetzung über Neu-Hannover und die

Abb. 118. Maskentänzer, Neu-Mecklenburg. (Zu Seite 137.)

Abb. 119. Markt auf der Gazelle-Halbinsel. (Zu Seite 138.)

Admiralitäts-Inseln einen solchen Einbruchskessel, der 2000—3000 m tief ist. Im übrigen ist der größte Teil des Bismarck-Archipels durch eine unterseeische Schwelle von noch nicht 1000 m Tiefe, der Rest durch die Tiefenlinie von 2000 m auf das engste einerseits an Neu-Guinea, andererseits an die Salomo-Inseln angegliedert, ein Fingerzeig mehr dafür, daß alle diese Inselstücke einst ein gemeinsames Festland gebildet haben. Vielleicht wird sich der größte Teil der Insel Neu-Mecklenburg auch in irgend einer Weise als die Fortsetzung des Gebirgsstreifens der Salomo-Inseln herausstellen, der dort mit dem genannten Gebirgsbogen zusammenwächst.

Alle übrigen Inseln lassen sich mehr oder minder diesen Zügen angliedern. So setzt sich Neu-Pommern nach Westen fort in der Inselreihe, zu der die Ruk- und Long-Insel gehören, Neu-Mecklenburg nach Nordwesten über Neu-Hannover bis zu den Admiralitäts-Inseln. Eine Parallellinie begleitet die Nordostküste Neu-Mecklenburgs. Kleinere Archipele gliedern sich den Hauptinseln an, so die French-Inseln im Norden der Westhälfte von Neu-Pommern, der Archipel Neu-Lauenburg am Ausgang des die beiden Hauptinseln trennenden St. Georgkanals, die Hermiten und Anachoreten im Nordwesten der Admiralitäts-Inseln, die Eilande Ninigo, Durour und Matty westlich davon.

Allenthalben aber beschränkt sich unsere Kenntnis fast durchweg auf die Küstenlinie, und auch diese ist noch außerordentlich weit zurück, ja selbst die Lage einzelner Inseln ist gelegentlich um halbe Grade auf den Karten bis vor kurzem falsch angegeben und ist es vielleicht zum Teil noch. Das deutsche Vermessungsschiff „Möve“ ist seit Jahren mit der Riesenarbeit der Berichtigung der Karten beschäftigt. Durchkreuzt sind selbst die Hauptinseln nur an wenigen und zwar den schmalsten Stellen.

So ist denn auch die Gesamtflächengröße des Bismarck-Archipels (rund 5000 qkm) noch eine recht unsichere Zahl.

Das Klima des Archipels ist durchaus tropisch. Im allgemeinen schafft die ozeanische Lage eine große Gleichmäßigkeit der Wärme, deren Jahresmittel etwa 26° C. beträgt. Der Wind unterliegt regelmäßigem Monsunwechsel, im Südwinter von Mitte April bis Mitte Oktober herrscht der Südostpassat, im Südsommer tritt an seine Stelle der feuchtwarme Nordwestmonsun. Während der Zeit des letzteren fallen die meisten Regen. Das Mittel fünfjähriger Beobachtungen in Herbertshöhe lieferte ein Durchschnittsmaß des Niederschlags von rund 2000 mm im Jahre. Aus dem Charakter der Vegetation ergibt es sich, daß die Feuchtigkeit der Inseln etwas hinter der von Kaiser-Wilhelms-Land zurückbleiben muß. Orkane, wie sie in anderen tropischen Gegenden häufig sind, scheinen den Bismarck-Archipel zu verschonen. Auch die Gesundheitsverhältnisse sind im allgemeinen besser als ihr Ruf. Malaria und Dysenterie kommen vor, andere Tropenkrankheiten der weißen Einwanderer werden weniger bemerkt.

Die Flora und Fauna des Bismarck-Archipels sind derjenigen von Neu-Guinea sehr ähnlich. Die Vegetation ist anscheinend im allgemeinen nicht ganz so übermächtig, wie in Neu-Guinea. Die Grassavanne erreicht eine größere Verbreitung, sie nimmt z. B. das wellige Plateau der inneren Gazelle-Halbinsel ein, und Graswuchs bekleidet meist auch die Gehänge der Vulkankegel. Sonst besiedelt dichter, aber nicht übermäßig hoher Busch die höheren Teile, hochstämmiger Urwald findet sich in den Küstenebenen (Abb. 94). Auf den begleitenden Korallen-Inseln ist natürlich der Pflanzenwuchs, der Armut des Bodens entsprechend, spärlicher.

Auch die Fauna ist etwas ärmer als die von Neu-Guinea.

* * *

Die Einzelschilderung der Inseln kann bei der Unbekanntheit dieser ganzen Welt nur einige wenige Punkte näher ins Auge fassen.

Die Hauptinsel Neu-Pommern hat eine Länge* von etwa 500 km und würde damit in Deutschland von Berlin in einem großen Bogen über Posen und Thorn bis an das Frische Haff reichen. Nicht einmal ihre Küstenlinien sind sicher gestellt, und um so viel weniger wissen wir Bescheid über ihr Inneres. Einzelne Gebirgsstöcke, die an den schmaleren Stellen der Insel durch Einsenkungen unterbrochen sind, scheinen sie zu durchziehen. An den Küsten sind diese dicht mit Wald bedeckt, ähnlich wie in Neu-Guinea. Das Innere wird vielfach von Grasländern eingenommen. Näher bekannt ist einzig der nördlichste Vorsprung, die dreizipfelige, durch eine nur 10 km breite Landenge mit dem südlichen Rumpf der Insel verbundene Gazelle-Halbinsel, die ihren Namen von dem deutschen Expeditionsschiff „Gazelle“ hat.

Abb. 120. Gehöft auf der Insel Kerawara, Neu-Lauenburg-Gruppe. (Zu Seite 138.)

Auf ihr liegt, am Südende der schön geschwungenen Blanche-Bai, der Hauptort und Regierungssitz des gesamten Deutsch-Neu-Guinea, dem auch die Karolinen und Marianen politisch unterstellt sind, die Ansiedelung Herbertshöhe. Hinter einer ziemlich offenen, von Korallen nicht freien Reede erhebt sich das Ufer mit sanft geneigten Hängen zu einer mächtigen Höhe, die in der Ferne von dem Varzinberg überragt wird. An diesen Hängen hinauf sind die Holzhäuser der deutschen Regierung, der Neu-Guinea-Kompanie und der übrigen dort angesiedelten Pflanzer und Kaufleute unter hübschen Anlagen von Kokospalmen und Laubbäumen zerstreut (Abb. 95). Etwas weiter gegen Osten am Strande liegt die hohe gotische Kirche der Herz Jesu-Mission, die hier einen beträchtlichen Landbesitz ihr Eigen nennt. Hinter der Ansiedelung, die Höhe hinauf und besonders nach Westen am Strande entlang, gewahrt man die sorgfältig gepflegten Kokosplantagen der Neu-Guinea-Kompanie und des mit ihr an Besitz und Bedeutung wetteifernden Hauses Forsayth (Abb. 96 u. 97). Die Eigentümerin der letzteren Firma ist die in der ganzen Südsee bekannten „Queen Emma", eine geborene Samoanerin, die ehedem mit einem Engländer Forsayth verheiratet war und gegenwärtig die Frau eines Deutschen ist. Ihrem Scharfsinn und ihrer Tatkraft ist die Blüte dieses Besitztums zu verdanken.

Die Pflanzungen ziehen sich längs des Ufers weiter nach Westen, einem Pfade folgend, der gegenwärtig um die ganze innere Blanche-Bai herumläuft. An dieser liegt, etwa 15 km von Herbertshöhe, die kleine, flache, dicht mit Kokospalmen bestandene Insel Matupi (Abb. 98), einer der bekanntesten Plätze der Südsee, denn hier hatte zuerst die Neu-Guinea-Kompanie ihren Sitz im Bismarck-Archipel aufgeschlagen, und heute ist Matupi die Hauptstation der großen Handelsfirma Eduard Hernsheim, deren Kopraschoner von hier aus die gesamte Inselwelt des Bismarck-Archipels befahren, um Kokosnüsse gegen ihre Tauschartikel einzuhandeln, und die auf diesen Fahrten mit hochsinnigem Verständnis zugleich unschätzbares Material zur Erforschung dieser Inseln

Abb. 121. Kanu von Matupi, Gazelle-Halbinsel.
Nach einer Aufnahme von Oberleutnant Fleck. (Zu Seite 139.)

Abb. 122. Die Anfertigung von Fischreusen. Gazelle-Halbinsel. (Zu Seite 139.)

und ihrer Völkerwelt herbeigetragen haben. Am Südoststrande von Matupi liegt in hübschem Garten, von dem sich eine wundervolle Aussicht über die tropisch leuchtende Meeresbucht eröffnet, das Wohngebäude des Leiters der Zentralstation. An der Nordküste, einer kleinen geschützten Hafenbucht (Abb. 99), finden wir zugleich mit der Kohlenstation der deutschen Marine die Lagerhäuser, Beamten- und Arbeiterwohnungen der Firma, von schönen und wohlgehaltenen freien Plätzen umgeben (Abb. 100 und 101). Der übrige Raum der Insel, deren flacher Boden ganz aus fruchtbarem Bimssteintuff besteht, ist dicht mit Eingeborenenhütten unter schattigen Kokospalmen besetzt.

Wie bei der Entstehung der Insel Matupi, so haben an der gesamten Bildung der Gazelle-Halbinsel die vulkanischen Kräfte des Erdinnern in reichem Maßstabe mitgewirkt. Ein großer Teil der Gazelle-Halbinsel ist mit einer kreisförmig abgegrenzten Überlagerung von vulkanischen Auswurfsmassen überdeckt, deren Herkunftszentrum in den Vulkanen vor der Blanche-Bucht zu suchen ist. Neben der Insel Matupi ragen aus den Fluten der Blanche-Bai die phantastisch geformten, aus vulkanisch gehobenem Korallenkalk gebildeten Felsen hervor, deren Name: „die Bienenkörbe“ für ihre Gestalt ungemein bezeichnend ist. Gestrüpp und Kletterpflanzen und wehende Kokospalmen geben ihnen einen überaus malerischen Schmuck (Abb. 102). Erst 1878 entstand durch einen Vulkanausbruch im Süden von Matupi die kleine, noch heute ganz öde daliegende „Vulkaninsel“, und die größte Schönheit in dem wundervollen Panorama der Blanche-Bai sind die drei auf dem nördlichsten Zipfel der Gazelle-Halbinsel gelegenen stolzen Vulkankegel, die den Namen der „Mutter“ und der „Nordtochter“ und der „Südtochter“ führen. Die Mutter steigt zu 774 m, die Nordtochter zu 598, die Südtochter zu 536 m an (Abb. 103). Dichte Vegetation verhüllt die Gehänge dieser Berge, deren Ruhe allerdings wohl nur eine scheinbare ist. Erst 1880 hat sich ein Nebenkrater, am Fuße der Südtochter, Ghaie genannt, wieder einmal geregt, und Erdbeben erschüttern häufig die landschaftlich vielfach bezaubernde (vgl. Abb. 104) Umgebung der Blanche-Bai.

Der nordwestliche Vorsprung der Gazelle-Halbinsel trägt den Namen Baining; die ihn in nordwestlicher Richtung durchziehenden hohen schön geformten Baining-Berge

Abb. 123. Fischer von Neu-Pommern. (Zu Seite 139.)

endigen in Fitzgerald und Stronerberg. Im übrigen ist das Innere der Gazelle-Halbinsel vorwiegend ein hügeliges Grasland.

Vom übrigen Neu-Pommern kann man nur sagen, daß vielfach hohe Berge von der Küste sichtbar sind, die auch hier in reichem Maße vulkanische Tätigkeit in Vergangenheit und Gegenwart bekunden. So haben wir die Gegenstücke zu der Mutter und ihren Töchtern am Südufer der „offenen Bai“, welche die Verschmälerung des Inselrumpfes im Süden der Gazelle-Halbinsel verursacht, die drei Vulkane: „Vater“, „Nord-“ und „Südsohn“. Der 1220 m hohe Vater, der 914 m hohe Südsohn sind noch tätig, während der niedrigere Nordsohn erloschen ist. Eine Reihe weiterer Vulkankegel sind an der Nordküste gesehen worden, die auch von vulkanischen Inseln begleitet ist. An der Westspitze von Neu-Pommern steigt in dem Belowberg ebenfalls ein 670 m hoher tätiger Vulkan empor, und die in der direkten Verlängerung von Neu-Pommern sich nach der Küste von Neu-Guinea herüber und dann an ihr entlang hinziehenden Inseln Ritter, Tupinier, Umboi oder Ruk (Rook), Lottin, Long, Bagabag, Karkar oder Dampier, Vulkaninsel, die Le Maire- oder Schouten-Inseln sind in hervorragendstem Maße vulkanisch. Die kleine Ritterinsel war 1888 noch tätig; ihr Ausbruch erzeugte eine verheerende Flutwelle. Den Ausbruch der Dampier-Insel erwähnten wir bereits.

Unter den Schouten-Inseln vor der Hansemannküste trägt das Inselchen Lesson einen tätigen Vulkan von 600 m Höhe. Auch Blosseville ist ein steil aus dem Meere aufsteigender, heute allerdings dicht bewaldeter Vulkankegel.

An der Süd- und Westküste von Neu-Pommern sind dagegen vorwiegend Korallenkalke an der Zusammensetzung des Strandes beteiligt, die ganz wie an der gegenüberliegenden Küste Neu-Guineas mehrere Terrassen von 80—150 m Höhe bilden. Ihre Oberflächen sind mit Gras, ihre Gehänge mit Wald bestanden und jedenfalls deuten sie auf eine periodenweise Hebung des Landes hin, die wahrscheinlich mit der gleichen Bewegung an der Neu-Guinea-Küste im Zusammenhang gestanden hat.

Die Insel Neu-Mecklenburg ist von Neu-Pommern durch den St. Georgs-Kanal getrennt. Eindrucksvoll ragen, wenn man ihn, von Australien kommend, durchfährt, um nach Herbertshöhe zu gelangen, die Gebirge Neu-Mecklenburgs am Horizonte empor. Die wild zerrissenen Gipfel der in dunklem Wald vergrabenen Ketten waren bei meiner Vorüberfahrt von schweren bläulichen Nebeln umwogt, die sie bald ganz verhüllten, bald einzelne Teile sichtbar werden ließen. Der düstere Eindruck des Bildes stimmte wohl mit den historischen Erinnerungen, die sich daran knüpften. Lag doch hier, am Südende von Neu-Mecklenburg, in den Buchten Likiliki und Port Breton, der Schauplatz des Unterganges der Kolonisten, die der französische Schwindler Marquis de Rays im Anfang der achtziger Jahre hierher gelockt hatte. Alphonse Daudet hat in seinem Roman „Port Tarascon“ die Geschichte mit einem äußerst bitteren Humor verwertet und dadurch weiteren Kreisen bekannt gemacht. Am nördlichen Ausgange der Meerenge gewahrt man einen Archipel von niedrigen, vielfach sumpfigen Koralleninseln, die Neu-Lauenburg-Gruppe. Bekannter noch als die Hauptinsel, die insbesondere den Namen Neu-Lauenburg trägt, ist darunter das kleine Inselchen Mioko, einer der vorzüglichsten Häfen und als der älteste Sitz von Deutschen in dieser Gegend der Südsee, denn hier hatte bereits das Haus Godeffroy eine Station angelegt, die gegenwärtig in den Besitz der Deutschen Handels- und Plantagengesellschaft übergegangen ist. Diese hat hier die Zentralstation ihrer Arbeiteranwerbungen für Samoa (Abb. 105 und 106).

Neu-Mecklenburg, die zweitgrößte Insel des Bismarck-Archipels, ist etwa 350 km lang und verläuft in fast gradliniger Richtung von Nordwest nach Südost, bis auf das östlichste Ende, das meridional nach Süden umbiegt. Die Insel ist erheblich schmäler als Neu-Pommern, in ihrem nordwestlich gerichteten Teile 8—20 km breit, aber ihre Gebirge sind rauher. Das steile und hohe Schleinitz-Gebirge, auf der Nordwesthälfte der Insel, soll nach einigen bis 2000 m ansteigen. Der schmale Teil Neu-Mecklenburgs soll aus Granit und aus sedimentären Gesteinen zusammengesetzt sein, während im südlichen Teile der Insel an der Küste gehobene Korallenkalke herrschen und ältere und jüngere Eruptivgesteine die bis gegen 1000 m ansteigenden Höhen des Innern zusammensetzen. Unter ungefähr dem vierten Grade nördlicher Breite bildet sich, ähnlich wie im Süden der Gazelle-Halbinsel, eine Einschnürung, verbunden mit einer Erniedrigung der Berge bis auf etwa 500 m. Hier durchquerte im Jahre 1888 Graf Pfeil die Insel

Abb. 124. Die Duk-Duk-Tänzer nähern sich dem Strande. (Zu Seite 140.)

und fand das Gebirge, wo es unter der dichten Vegetationsdecke erkennbar wurde, aus Kalk und Sandstein in wechselnder Lagerung zusammengesetzt.

Augenscheinlich liegt in Neu-Mecklenburg die Steilseite des Gebirges überall der Westküste näher und steigt oft als schroffe Wand unmittelbar vom Strande empor, kaum einem schmalen Sandstreifen Raum gebend. Infolgedessen besitzt diese Seite der Küste mit Ausnahme des äußersten Südens keinerlei nennenswerte Häfen. Die Nordostseite dagegen ist sanfter abgedacht und auf dem flacheren, von Korallenriffen bekleideten Strande entfalten sich längere Wasserläufe und es ist reichlich Raum zur Besiedelung gegeben. Das Nordwestende der Insel besonders läuft in eine sanft zum Meer geneigte Ebene aus, die wohl bebaut und daher auch mit einer ganzen Anzahl von Handelsstationen besetzt ist. Unter diesen ist die neuerdings auch mit einem Regierungsbeamten, einem Bezirksamtmann, versehene Station der Firma Hernsheim auf dem Inselchen Nusa die bekannteste.

Reicher, doch nicht übermäßig dichter Wald bedeckt im Innern die noch vollkommen unerforschten Gebirge, der hier und da durch Alanggrasflächen unterbrochen ist. Dem Westende ist die aus gehobenem Korallenkalk bestehende Djaul- oder Sandwichs-Insel im Süden vorgelagert (Abb. 107).

Den beiden Hauptinseln des Bismarck-Archipels schließt sich dann eine Reihe kleinerer Inseln und Inselgruppen an, die teils ein hochragendes, von Korallen umkränztes Felsengerüst besitzen, teils rein aus Korallen gebildet sind. Soweit unsere Kenntnis bisher reicht, erscheinen sie als Bestandteile zweier Erhebungsstreifen ehemaliger Gebirgszüge des hier früher vorhandenen, heute versunkenen Landes. Der eine dieser Erhebungsstreifen ist wohl die Fortsetzung von Neu-Mecklenburg nach Westen. An die Nordwestspitze Neu-Mecklenburgs schließt sich ein kleiner Archipel von mehreren Inseln an, die zu der größeren Insel Neu-Hannover hinüber leiten. Soweit man sie kennt, ist diese als ein abgebrochenes Stück von ähnlicher Bildung wie das größere Land im Osten anzusehen. Auch hier haben wir im Süden anscheinend die steilere Seite, während nach Norden

Abb. 125. Duk-Duk-Tanz. (Zu Seite 141.)

Abb. 126. Weibertanz, Neu-Pommern. (Zu Seite 141.)

eine breite, gegen die See mit Korallenbildungen umgürtete Ebene sich ausdehnt, die teils mit dichtem Urwald bestanden ist, teils Eingeborenenpflanzungen erkennen und auf eine reiche Besiedelung schließen läßt. Im Innern dehnt sich ein hügeliges Land von 300 bis 400 m Höhe aus, an dessen Bildung jungvulkanische Gesteine teilzunehmen scheinen. Überragt wird es von dem Spitzkegel des Luislawa.

Verlängert man die Linie Neu-Mecklenburg—Neu-Hannover noch weiter nach Westen mit einer leicht bogenförmigen Krümmung, welche die Schleinitz-See umschließt, so trifft man den Archipel der Admiralitäts-Inseln, der aus einer 1940 qkm großen Insel, Tani, und einer größeren Anzahl kleinerer besteht. Tani, Manus oder José Basco besitzt ein bis 500 m ansteigendes inneres Gebirge, das dicht und prachtvoll bewaldet und von flachen, mit reichen Kokospalmen umkränzten Ebenen umgeben ist. Die Bevölkerung scheidet sich in Küstenbewohner, die in Pfahlbaudörfern leben (Abb. 108), und innere Waldstämme. Beide sind schöne, kräftig gebaute Menschen (Abb. 109—111), mit einer nur aus einem Schurz bestehenden Kleidung. Eine Menge kleinerer und größerer Korallen- und Vulkaninseln sind im Westen, Süden und Osten der Hauptinsel angeschlossen, unter denen die Purdy-Inseln wegen ihrer reichen Phosphatlager bekannt sind.

Der zweite Erhebungsstreifen begleitet zunächst die Insel Neu-Mecklenburg auf der Nordostseite in Form eines ihre Gestalt nachahmenden äußeren Gebirgsbogens. Man faßt ihn zusammen unter dem Namen der Hibernischen Inseln. Er beginnt unter dem 154° ö. L. mit dem gehobenen Atoll der Grünen Inseln oder der Nissangruppe, wenn man diese Inseln nicht noch zu den die Salomo-Inseln begleitenden Koralleninseln rechnen will. Auch nördlich von den Grünen Inseln finden wir noch eine Koralleninselgruppe, das Doppelatoll der Abgarris oder Fead-Inseln, deren größtes Eiland, Nugarba, von einer Kolonie Polynesier bewohnt ist.

Die übrigen Hibernischen Inseln sind Felseneilande mit wild zerrissenen, meist dicht bewaldeten Bergen, an deren Zusammensetzung wahrscheinlich der Vulkanismus einen bedeutenden Anteil hat. Es sind die Inseln oder Inselgruppen Wonneram, Anthony Caeus, Gerard de Nys mit den Nachbarinseln San Francisco, San Joseph, San Antonio.

Ferner die einen kleinen Gebirgsbogen bildende Inselgruppe der beiden Gardner-Inseln und der Fischer-Insel.

In der Fortsetzung der Reihe scheinen die im Norden und Nordwesten von Neu-Hannover gelegenen drei Eilande: Sturm-Insel, Kerue und St. Matthias zu liegen. Von diesen ist die letztere bei weitem die größte. Sie ist dicht bewaldet und von mehreren Gebirgsketten durchzogen. Die scheue Bevölkerung des noch ganz unbekannten Innern ist neuerdings viel genannt worden, weil hier der Leiter der Menkeschen Südsee-Expedition durch sie überfallen und getötet wurde. Sie gehen völlig unbekleidet und tragen das Haar kurz geschoren (Abb. 112—114). Die kunstvollen Webarbeiten, die sie liefern, deuten auf eine Beeinflussung von seiten der Karoliner.

Verfolgen wir diesen Inselstreifen noch weiter nach Westen in einer dem inneren Bogen parallelen leicht konkaven Linie, so treffen wir nordwestlich von den Admiralitäts-

Abb. 127. Tanzgerüst in Matupi. (Zu Seite 142.)

Inseln noch einmal auf eine Anzahl von Inselgruppen, welche nun den fernsten westlichsten Teil des Bismarck-Archipels vorstellen. Erstens die Anachoreten: mehrere Koralleninseln auf einem Atollriff, deren größte, Luf, etwa 40 ha umfaßt, während die kleinste nur 1 a hat. Die genaue Zählung der Bevölkerung, die sich vermindern soll, ergab im Anfang dieses Jahres 110 Köpfe. Die drei größeren Inseln sind von einem dichten Ring von Kokospalmen umkränzt; in der Mitte befindet sich sumpfiges Land. Nordwestlich davon liegt die kleine Insel Comerson. Im Südwesten der Anachoreten liegt die Gruppe der Hermit-Inseln, deren Hauptinsel ebenfalls Luf heißt. Die Bildung ist ähnlich. Die Bevölkerung, die auch hier zusammenschmilzt, ist heller gefärbt. Von dort nach Westen finden wir das unbewohnte Inselchen Uwe, und dann die aus 54 kleinen, in vier Atolle gesonderten Inseln bestehende Ninigo-Gruppe oder die Schachbrett-Inseln, deren Haupteilande auch etwa 40 ha groß sind. Alle diese Inseln sind niedrige Korallengebilde, mit Kokospalmen und Busch bewachsen. Endlich treffen wir südwestlich davon noch drei Felseninselchen: die erst 1886 entdeckte Allison-Insel, Durour und Matty. Durour ist dicht bevölkert. Man sieht am Strande große Dörfer mit Häusern aus Holzplanken, die weiß gestrichen sind. Am größten ist Matty, auf dessen Korallenboden 2000 bis 3000 Menschen leben sollen. Die großen Dörfer bieten ein ähnliches Bild wie auf Durour und weisen auf einen eigenartigen höheren Kulturstand hin. Auch der physische Typus der hellgefärbten, lang- und schlichthaarigen, kräftig gewachsenen Einwohner, der sehr an die Malaien erinnert, legt die Vermutung nahe, daß hier bereits Einflüsse der weiter im Westen wohnenden indomalaiischen Völkerschaften zu erkennen sind.

Auf fast all den genannten Inseln finden sich Handelsstationen verschiedener Firmen, besonders der Firma Hernsheim & Co. und anderer. Ihre Leiter führen ein seltsames, abenteuerliches Einsamkeitsdasein, nur in großen Zwischenräumen erreicht sie die Kunde der Außenwelt bei Gelegenheit der Handelsfahrten der Schoner, welche die aufgesammelten Kokosnußvorräte abholen. Fortdauernd ist ihre Existenz gefährdet durch die Unberechenbarkeit der Eingeborenen, die zwar nach manchen Zeugnissen, wenn sie richtig

Abb. 128. Fischmaske zum Tanz. (Zu Seite 142.)

behandelt werden, ganz gutmütig erscheinen, deren richtige Behandlung aber eben infolge der Unkenntnis ihrer Sprache, Sitten und ihres Gefühlslebens ungemein schwer ist. Man darf sich daher nicht wundern, wenn von Zeit zu Zeit die Nachricht von mörderischen Überfällen der Eingeborenen auf so eine Station nach Europa dringen. Die Strafexpeditionen, die von seiten der Regierungen veranstaltet werden, schaffen vielleicht an Ort und Stelle eine Zeitlang den gehörigen Respekt vor den Europäern, aber eine abschreckende Wirkung von weiterem Umfange ist dadurch erschwert, daß diese Bevölkerung so überaus stark zersplittert ist, und daß, wenn überhaupt Beziehungen zu Nachbarstämmen stattfinden, diese in der Mehrzahl der Fälle nicht freundschaftliche, sondern feindselige sind. Stellt man sich also mit dem einen Stamm freundlich, so liegt darin zuweilen schon an sich der Keim der Feindseligkeit zu einem andern.

Das Innere der Schleinitz-See, die den Bogen des Bismarck-Archipels ausfüllt, ist in ihrem flacheren Teil noch mit einer großen Reihe von gefährlichen, mehr oder minder unterseeischen Korallenriffen besetzt. So liegt das Wirbelwind-Riff westlich von den Französischen Inseln, in dessen Bereich der deutsche Kreuzer „Kormoran“ vor einigen Jahren

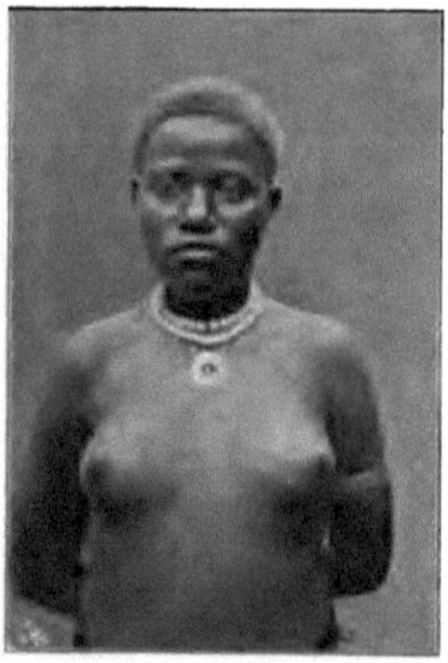

Abb. 129. Neu-Mecklenburgerin. (Zu Seite 142.)

auflief; nur durch die entschlossene Energie seines Kapitäns und die rastlose Arbeit der Mannschaft wurde er noch glücklich wieder abgebracht. Am Südrande der tiefsten Einsenkung steigen die dichtbewaldeten Französischen Inseln (French-Inseln) empor, die nördlich der sich ihnen von Neu-Pommern entgegenstreckenden Willaumez-Halbinsel vorgelagert sind.

Die Bevölkerung des Bismarck-Archipels wird in Handbüchern gewöhnlich nach der Supanschen Schätzung auf 188 000 angegeben, doch wissen wir in Wirklichkeit auch hier nur annähernd Zuverlässiges. Genauer bekannt geworden sind überhaupt von den größeren Inseln nur die Einwohner der Gazelle-Halbinsel. Große Teile des inneren Waldlandes werden wie in Neu-Guinea unbewohnt sein; in anderen Gegenden verraten von außen dem Vorüberfahrenden stattliche, im Uferschatten liegende Dörfer oder Kokospalmenbestände, sowie Brandlichtungen im Urwald die Anwesenheit menschlicher Bewohner.

In den Grundzügen ist die Rasse den Papua von Neu-Guinea sehr nahe verwandt. Mit diesen und den Salomo-Insulanern werden sie den weiter in Osten wohnenden Stämmen des großen melanesischen Gebirgsinselbogens als Westmelanesier zusammengefaßt, die gemeinsame Merkmale gegenüber den Ostmelanesiern aufweisen. Im einzelnen jedoch bestehen mannigfache, auch dem flüchtigen Reisenden bereits erkennbare Unterschiede gegenüber den Leuten von Neu-Guinea. In der Hauptsache kann man vielleicht sagen, daß die Melanesier des Bismarck-Archipels ein kräftigeres, aktiveres Geschlecht sind. Sie sind infolgedessen einerseits den Einflüssen der europäischen Kultur leichter zugänglich, lassen sich auch besser zur Arbeit in den Pflanzungen, oder zum Dienst der Polizeitruppe heranziehen (Abb. 115 bis 117), andererseits erhöht aber die größere Leidenschaftlichkeit ihres Charakters die Gefahr des Umgangs mit ihnen. Weit öfter als in Neu-Guinea kommen daher plötzliche Ausbrüche ihrer Wildheit vor, und immer wieder hören wir von plötzlichen Überfällen auf Reisende oder Händler, die durch irgend welche, oft den Personen selbst in ihrer Tragweite gar nicht bewußte Handlung die Rachsucht der farbigen Männer erregt haben; und diese Vorkommnisse beschränken sich ja nicht auf die entfernten und einsamen Außenpunkte des Bereichs, sondern sie kommen auch in unmittelbarer Nähe der Ansiedelungen auf der Gazelle-Halbinsel vor, deren Bevölkerung nun schon seit einem halben Menschenalter mit den Europäern bekannt ist. Die in Neu-Guinea nur ganz vereinzelt vorkommende Menschenfresserei ist im Bismarck-Archipel sehr verbreitet und beliebt. Mysteriöse Vorstellungen von Aneignung der Kräfte des Verzehrten, oder auch Triumphgefühle gesättigter Rache tragen wohl noch mit dazu bei, die Wertschätzung des Menschenfleischgenusses zu steigern, und so ist es jedesmal ein großes Ereignis, wenn nach einem Kriegszuge der Leichnam des getöteten Feindes in das Dorf gebracht wird. Er gehört demjenigen, der ihn erlegt hat, und wird nun von den Beinen aufwärts zum Kopfe stückweise an die zahlungsfähigen Liebhaber versteigert. Am beliebtesten gelten nach Parkinson die Seiten, die Finger, das Gehirn und bei weiblichen Leichen die Brüste. Die Stücke werden zwischen heißen Steinen geröstet.

Bei dieser Wildheit des Charakters sind die Stammesfehden eine noch häufigere Erscheinung als in Neu-Guinea. Sie entstehen aus den geringfügigsten Anlässen, und wenn sie auch meist nur wenige Opfer erfordern, so ist doch durch sie die ganze Bevölkerung auf das Äußerste in kleine, einander feindliche Lager zersplittert, ein Zustand, der jedenfalls schon sehr lange bestehen muß, denn man wird in ihm die Ursache für eine ähnlich wie in Neu-Guinea weitgehende Differenzierung der körperlichen Eigentümlichkeiten, Sitten und Gebräuche sehen dürfen.

Ziemlich deutlich läßt sich auf den größeren Inseln vor allem ein Unterschied zwischen den Küstenbewohnern und denen des inneren Berglandes erkennen. Wie häufig, so erscheinen auch hier die letzteren als die Vertreter einer untergeordneten Rasse. Vielleicht liegt wirklich eine ältere Einwanderung vor, deren Nachkommen von späteren höher stehenden Zuzüglingen in die Berge gedrängt sind, vielleicht ist diese Verschiedenheit aber nur durch die Not des Daseins bei den unter ungünstigeren Bedingungen lebenden Innenstämmen herausgebildet worden. So finden wir in unmittelbarer Nähe der hochentwickelten Küstenstämme der Gazelle-Halbinsel eine stark unterschiedene Binnenbevölkerung in den Baining-Bergen, die den Gedanken an eine Urbevölkerung nahelegt. Ihr Kulturbesitz ist ein sehr viel ärmlicherer, ihre Dörfer liegen auf steilen Berggipfeln und lassen damit deutlich erkennen, daß sie in stetem Bedürfnis der Abwehr feindlicher Verfolgung angelegt sind. Die Bevölkerung des südlichen Neu-Mecklenburg ähnelt derjenigen von Neu-Pommern lebhaft, die des nördlichen dagegen nordwärts von der ungefähr unter vier Grad liegenden Einschnürung weicht davon ab. Auf den westlichsten Inseln scheinen malaiische Einflüsse stärker als sonst zu sein. Von Nordosten her ist polynesischer Einfluß eingedrungen. Auf einigen der Koralleneilande des Nordostens endlich lebt eine rein polynesische Bevölkerung.

Die Kleidung der Eingeborenen in den von dem Einfluß europäischer Händler und Missionare noch nicht berührten Gegenden ist meist noch primitiver als in Neu-Guinea. Männer und sogar auch Weiber gehen häufig vollkommen nackt. Hoch ausgebildet aber ist daneben der Sinn für Schmuck und die künstlerische Befähigung, ihn herzustellen. Noch kunstvoller und abenteuerlicher sind die Haarfrisuren, mit welchen die Männer ihr Haupt verschönern. Mit Korallenkalk wird das Haar häufig weiß gepudert, mit Muscheln, Federn und dergleichen auf das stattlichste geschmückt. Die Gesichter werden gefärbt, zuweilen zur Hälfte rot, zur Hälfte weiß; Tätowierung oder Schnittnarbenschmuck ist allgemein verbreitet, auch das Betelkauen und Schwarzfärben der Zähne. Glänzend ist die Kunst der Schnitzerei, namentlich die Herstellung der wunderlichen Tanzmasken, die aus Holz oder Knochen hergestellt, mit Bart- und Kopfhaar umgeben, mit bunten Federn geschmückt und grotesk bemalt werden (Abb. 118).

Eine höhere Kulturstufe gegenüber den Leuten von Neu-Guinea zeigt sich auch

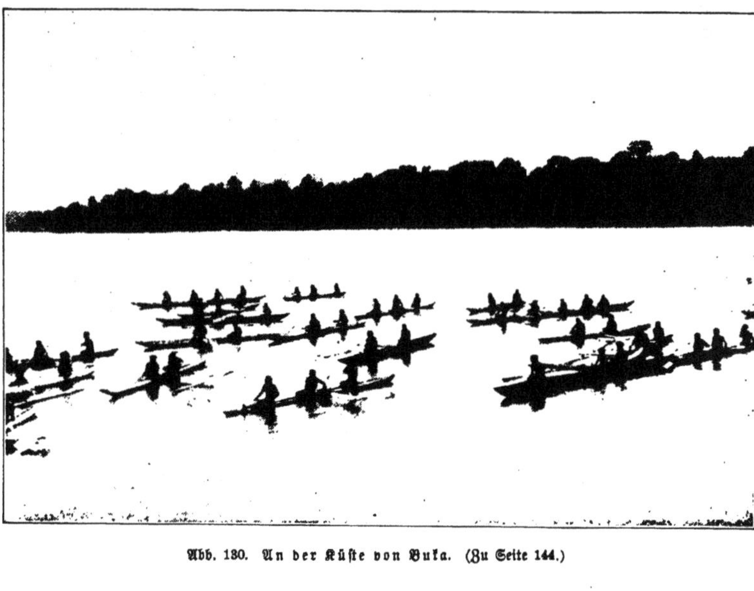

Abb. 130. An der Küste von Buka. (Zu Seite 144.)

darin, daß neben dem Tauschhandel bereits ein Geld in Ausbildung begriffen ist, welches von der Neu-Lauenburg-Gruppe her unter dem Namen Diwarra bekannt ist. Es besteht aus Schnüren von aufgereihten Kauri-Muscheln, die von den Häuptlingen durch heimliche, sorgfältige Schleifarbeit zubereitet werden. Mit diesen Diwarraschnüren erkauft sich der Papua des Bismarck-Archipels die begehrenswertesten Dinge seines Bedürfniskreises, die Kanus, die Weiber, oder was sein Herz begehrt. Ein größeres Kanu kostet etwa 150 Diwarraschnüre, ein Weib etwa zehn. In Diwarraschnüren zahlt er auch seine von einheimischen Richtern ihm auferlegten, oder durch einheimische Sühnegebräuche gebotenen Strafen, und wie bei unseren altgermanischen Rechtsverhältnissen gibt es auch hier kaum eine Verschuldung, die er nicht durch Diwarra abbüßen könnte.

Stellenweise, wie auf der Gazelle-Halbinsel, haben sich bereits richtige Märkte herausgebildet, zu denen die Eingeborenen von weither mit ihren Feldfrüchten kommen (Abb. 119).

Die Dörfer machen häufig einen recht stattlichen Eindruck. Mit Staunen sieht der Besucher von Matupi wohlgepflegte Wege den Palmenhain durchziehen, an denen die Gehöfte der Eingeborenen liegen, ein jedes aus mehreren Häusern bestehend und von einem hübschen Gitterzaun umschränkt (Abb. 120). Die Wände der Häuser sind aus kreuzweis übereinander gefügtem Gitterwerk aus gespaltenem Bambus oder Areka gemacht und mit Gras gedeckt. Ebenso wird das Dach hergestellt und mit Gras oder Kokospalmblättern bedeckt. Im Innern pflegt man zwei Räume zu finden, der hintere, größere für die Frauen und kleinen Kinder, der vordere für die Männer und die heranwachsenden Söhne. Die unverheirateten Erwachsenen wohnen auch hier in gemeinsamen Häusern nach Geschlechtern gesondert. Man kann sich keinen hübscheren und originelleren Anblick denken, als ihn die am Palmenstrande liegenden gelblichen Häuser an der Südostecke von Matupi darbieten (Abb. 99). In der Gestalt, nicht in der Farbe, erinnern sie entfernt an die schwerdachigen Bauernhäuser des Schwarzwaldes. Noch anmutiger

Abb. 131. Vegetationsbild von den Marken-Inseln. (Zu Seite 144.)

Abb. 132. Landschaft auf den Marken-Inseln. (Zu Seite 144.)

wird das Bild durch die stattlichen Kanus, die hier auf dem Ufersande liegen, scharfgeschnittene, aus einem Stück geformte Fahrzeuge, die in künstlerisch geschwungene Schnäbel endigen (Abb. 121). Zwischen den Bäumen hängen zum Trocknen riesige Ballons aus Flechtwerk, die Fischreusen der Eingeborenen, die auf den Grund der Blanche-Bai versenkt werden (Abb. 122). An der Oberfläche des Wassers kennzeichnet ein schwimmender Bambuswimpel ihre Lage, und wer von Herbertshöhe nach Matupi fährt, begegnet in Mengen diesen kleinen flottierenden Büschen. Auch mit anderen Mitteln verstehen die Bewohner der Blanche-Bai kunstvoll zu fischen (Abb. 123).

Die Hauptgrundlage der Existenz ist aber auch im Bismarck-Archipel der Bodenbau, der in ähnlicher Weise wie in Neu-Guinea betrieben wird. Im Vordergrunde steht die unentbehrliche Kokospalme, daneben baut man Yams, Taro, Bananen. Die letzteren finden hier eine oft kunstvolle Pflege. Die Fleischnahrung beschränkt sich neben den Fischen auf Schweine, Hunde und Hühner.

Der Charakter der Bismarck-Insulaner findet ganz die gleiche verschiedenartige Beurteilung wie in Neu-Guinea. Einerseits wird gerade die Gutmütigkeit und Freundwilligkeit der Eingeborenen lebhaft hervorgehoben, und daneben hat man dann wieder jene Ausbrüche von plötzlicher Wildheit zu verzeichnen, die den Eindruck machen, daß das äußerste Mißtrauen ihnen gegenüber geboten ist. Wir müssen uns auch hier wohl sagen, daß wir den Eingeborenen noch viel zu wenig kennen, und daß an jenen üblen Erfahrungen vielfach die Weißen selber schuld sind.

Über das religiöse Leben sind wir nicht wesentlich besser unterrichtet als in Neu-Guinea. Auch hier spielen abergläubische Geistervorstellungen eine Hauptrolle. Die Dämonen, die vielfach in bunt bemalten, prachtvoll geschnitzten Holzfiguren und in besonderen Hütten auf Waldlichtungen verehrt werden, sind anscheinend ausschließlich bösartiger Natur, und die Beschäftigung mit ihnen besteht ausschließlich in einer Beschwörung ihres unheilvollen Einflusses. Der Priesterstand befindet sich auch hier noch auf der Stufe des Zauberers, der in der Lage ist, den Regen zu erzeugen, Krankheiten und Unglücksfälle zu verhüten, bezw. auch herbeizuführen, so daß er eigentlich weniger geehrt als gefürchtet ist. Die Einrichtung des Tabu ist, entsprechend der größeren Beeinflussung durch Polynesien, auf dem Bismarck-Archipel stärker ausgebildet als in Neu-Guinea, doch beschränkt sich die Sitte auch hier hauptsächlich darauf, das Eigentum vor Schädigung zu schützen. Wenn man an einer Kokospalme den Stamm mit Palmenblättern umflochten sieht, oder wenn Nüsse an hervorspringenden Zweigen aufgehängt sind, so ist der betreffende Baum Tabu. Vor dem großen Duk-Duk-Fest werden die Lebensmittel einer Dorfschaft durch Tabuieren vor leichtfertigem Verbrauch geschützt, damit nachher für die großen Festschmäuse Stoff vorhanden ist.

Diese Duk-Duk-Zeremonie ist wohl die wunderlichste Sitte des Bismarck-Archipels und als solche oft beschrieben.

Ich hatte bei meiner Anwesenheit in Matupi das Glück, sie gerade zu erleben. Hinter dem Dorf, bei der Wohnung von Hernsheim, umschloß ein dicht gefügter Zaun aus Palmenblättern, der keinen Durchblick gestattete, einen beträchtlichen Raum des Kokoswaldes; dumpfe Trommeltöne klangen daraus hervor. Das ist das einzige, was die Frauen des Stammes von dem Duk-Duk vernehmen, denn, wie bei der Balum-Feierlichkeit in Neu-Guinea, sind sie auch hier von der Teilnahme strengstens ausgeschlossen. Unter der Führung des genannten liebenswürdigen Leiters der Hernsheimschen Handelsniederlassung, des Herrn Max Thiel, erhielt ich Zutritt zu der Feier. Wir mußten gebückt durch eine Lücke in den Bretterzaun kriechen, innerhalb dessen sich ein neuer Zaun befand. Diesen betraten wir durch eine Tür und sahen uns nun vor einer niedrigen Hütte, vor der etwa ein Dutzend Eingeborene mit Handtrommeln auf der Erde hockten. Es dauerte nicht lange, so kamen im Gänsemarsch aus einem benachbarten Gebüsch drei wunderlich vermummte Gestalten heran und betraten durch dieselbe Tür den Raum, wo wir warteten. Jede von ihnen trug als Kleidung eine Art riesiger Pelerine aus übereinander gelegten Blättern, dick wie ein Hausstrohdach, und vom Hals bis zur Hälfte der Oberschenkel hinabreichend, so daß der ganze Mensch, wenn er die Beine geschlossen hielt, die Gestalt eines großen Pilzes mit dünnem Stiel besaß. Der Kopf des Tänzers war ebenfalls in einer seltsamen dreikantigen, hohen und spitzen Tüte versteckt, die unmittelbar auf dem Blätterdach aufsaß. Sie war schwarz von Farbe, trug aber grotesk aufgemalte riesige weiße Augenringe. Eine Öffnung zum Atmen oder Sehen befand sich nicht darin, doch wird diese Kappe aus einem kunstvoll hergestellten Grasgewebe gefertigt, dessen Maschen weit genug sind, um dem darin steckenden Menschen beides zu gestatten. Die drei Popanze stellten sich nun dem an der Erde hockenden Orchester gegenüber auf, das eine einförmige Musik, bestehend aus quäkendem, mit Holztrommelschlägen begleiteten Gesang begann. Zu dem Rhythmus dieses Gesanges führten die Tänzer allerhand Sprünge aus, wobei sie von einem Bein auf das andere hüpften, vor- und zurückliefen, sich gemeinsam nach rechts oder links wandten, oder schräg gegeneinander, immer im Hüpfen ruckweise Verbeugungen machten. Der Tanz war im ganzen sehr einfach und einförmig, aber ich muß doch gestehen, daß die drei Gestalten mit ihren verrückten Blätterkragen und den greulichen Masken spukig genug aussahen, um vor Zuschauern von der abergläubischen Sinnesart dieser Wilden die Rolle von Geistererscheinungen zu spielen. Denn das ist, wenigstens ursprünglich, der Sinn der Sache. Der Duk-Duk gilt als ein mächtiger und gefährlicher Geist, der alle Jahre einmal mit seinem Gefolge aus unbekannten Fernen mit Kanus an die Insel gefahren kommt (Abb. 124), sich mehrere Wochen aufhält und dann wieder verschwindet. Bei Tage tanzt er in jenem umzäunten Gehege. Wo er sich während der Nacht aufhält, ist ein Geheimnis. Er hat auch das Recht, im Dorf herumzuwandern und zu zerstören, was ihm gefällt. Es kommt nun darauf an, durch Geschenke von Diwarra-Schnüren die Gunst des gefürchteten Geistes zu erwerben. Ganz besonderes Entsetzen flößt er den Weibern ein, denen es bei Todesstrafe verboten ist, ihn zu erblicken. Sie müssen flüchten, sobald sie seine Nähe erfahren.

Veranstaltet werden solche Duk-Duk-Feste von jener feierlichen Ankunft auf dem

Kanu bis zur Wiederabreise von einer Art Geheimbund, zu dem im weitesten Umfange alle männlichen Mitglieder des Stammes gehören. Die Knaben werden mit einer bestimmten Feierlichkeit, die hier besonders auf Zahlen von Diwarra hinausläuft, in diesen Bund aufgenommen und dürfen dann den Tänzen zusehen. Innerhalb des Bundes scheinen aber wiederum nur wenige in die letzten Geheimnisse eingeweiht zu sein und z. B. zu wissen, wer in der spukigen Blätterhülle steckt.

Die ganze Einrichtung macht den Eindruck, als ob sie ursprünglich aus Priesterbetrug hervorgegangen ist, heute besteht aber kaum ein Zweifel, daß sie vor allen Dingen auf Erpressung von Geschenken hinausläuft. Ja, es scheint sogar, als ob sich unter den Eingeborenen selber keiner mehr einer Täuschung darüber hingibt, und wirklich noch

Abb. 133. Eingeborene der Marken-Inseln. (Zu Seite 144.)

an die Geisternatur des Duk-Duk glaubt. Allein man gibt sich, sei es aus Konservatismus, aus sozialer Feigheit oder religiöser Heuchelei immer noch den Anschein, als täte man es.

Neben dem Erpressen von Geschenken ist der ausgesprochene Zweck des Duk-Duk, die Weiber zu ängstigen und sie den Männern, die allein mit so mächtigen Geistern umgehen dürfen, gefügig zu machen. Die Leute machten daraus, uns gegenüber, gar keinen Hehl; als Bedingung unserer Zulassung forderten sie, daß wir den Frauen nicht erzählten, was wir gesehen hatten. Sie sahen uns dabei mit einem verständnisinnigen Lächeln an, das deutlich aussprach: „Nicht wahr, wir Männer müssen doch zusammen halten?" (Abb. 125). Auch andere Tänze und Festlichkeiten sind, wie überall in der Südsee, sehr beliebt (Abb. 126). In einigen Gegenden des Innern verfertigen die Eingeborenen sich dazu höchst kunstvolle und überaus bizarre Tanzmasken, die sie aus den Stirn- und Backenknochen sowie dem Unterkiefer eines menschlichen Schädels zusammenkitten, mit Haar und Bart versehen und derartig bemalen, daß sie ein Gesicht mit tragischem oder komischem Ausdruck darstellen. Der Tänzer faßt ein auf der Innenseite

Abb. 134. Eingeborene der Lord-Howe-Inseln.
(Zu Seite 144.)

der Wölbung angebrachtes Querstäbchen mit den Zähnen und hält die Maske so fest. Auf der Neu-Lauenburg-Gruppe tragen die Männer große holzgeschnitzte Figuren: Eidechsen, Vögel, Fische auf dem Rücken oder auf dem Kopf. Ganz besonders große Tanzfestlichkeiten werden in Zwischenräumen von mehreren Jahren veranstaltet. Auf der Gazelle-Halbinsel versammeln sich dazu oft bis dreitausend Eingeborene. Sonderbare Bauwerke, wie bis 10 m hohe, turmartige Gestelle werden dazu errichtet und phantastisch gefärbte Kopfbedeckungen getragen (vgl. Abb. 127). Auf Neu-Mecklenburg gibt es Masken mit so fratzenhaft geschnitzten Gesichtern, daß sie an die Phantasien eines Teniers oder Höllenbreughels erinnern können. Riesige durchbrochen gearbeitete Ohren oder Flügel ragen zu beiden Seiten empor (vgl. Abb. 128).

Was die sozialen Einrichtungen der Bismarck-Insulaner betrifft, so besteht auch hier ein starker Unterschied zwischen den Rechten von Mann und Frau. Die Männer scheinen die regelmäßige Arbeit auf ihren Besitzungen fast wie eine Schmach zu empfinden; diese liegt ganz und gar den Weibern ob. Der Mann kauft sich seine Frauen für die Arbeit und sieht darin eine besonders vorteilhafte Kapitalsanlage. Nicht nur von aller Anteilnahme am öffentlichen Leben, sondern auch von der Mehrzahl der Vergnügungen, den großen Schmausereien, den bei Knaben und Männern so überaus beliebten Spielen und dergleichen sind die Frauen ausgeschlossen. Von Jugend auf kennen sie nichts als harte Tätigkeit in den Pflanzungen oder im Hause des Mannes (Abb. 129).

Die politische Entwickelung scheint ein wenig fortgeschrittener als auf Neu-Guinea, insofern sich etwas ausgedehntere Häuptlingsmacht herausgebildet hat. Bei der Existenz eines wirklichen Geldes und bei der ungeheuren Wertschätzung, die diesem Diwarra beigelegt wird, ist naturgemäß die Macht und der Einfluß des Reichtums ein erheblich größerer als in dem einfacheren Neu-Guinea.

Es ist einer der interessantesten Vorgänge, die ein Geschichtsphilosoph sich ausklügeln könnte, den wir aber vor unseren Augen sich vollziehen sehen. Unzweifelhaft stehen diese Völker auf einer Kulturstufe, die unsere Vorfahren vor Jahrtausenden auch erlebt haben und die in vielen Ansätzen deutlich auf die Ziele hinweist, die wir selbst erreicht haben. Diese Entwickelung wird unterbrochen durch den plötzlichen Einbruch des Europäers. Wird es möglich sein, die Melanesier mit Überspringung von Jahrtausenden in diese Kultur hineinzuheben, oder werden sie daran zu Grunde gehen? Die Frage ist weniger unbedingt nach der letzten Seite hin zu beantworten, als bei den Polynesiern; denn diese sind zwar selbst höher bereits entwickelt, als die Melanesier, aber anscheinend sind die letzteren von erheblich widerstandsfähigerer Natur, als jene.

* * *

VIII.

Die deutschen Salomo-Inseln.

Im Jahre 1568 traf der Spanier Mendaña im Osten von Neu-Guinea eine hohe, dichtbewaldete Küste, die er ursprünglich für ein Festland hielt, die sich aber später als eine Insel, das heutige Eiland Isabel, herausstellte. Die Spanier glaubten Spuren von Goldvorkommen zu erkennen und so erklärten sie nun frischweg, hier habe das Ophir König Salomos gelegen. Daraufhin benannten sie diese und die Nachbarinseln kühnlich mit dem Namen des großen Königs von Jerusalem. Die Gruppe konnte später aber trotz mehrfacher Bemühungen nicht wieder gefunden werden; sie geriet in Vergessenheit und wurde erst von Bougainville 1768 von neuem entdeckt, dessen Name dann an der größten dieser Inseln verewigt worden ist. Noch heute jedoch sind die Eilande, abgesehen von ihrer Lage auf den Karten, so gut wie ganz unerforscht, das unbekannteste Land der Südsee.

Bis vor kurzem besaß Deutschland die drei größten Inseln des Archipels: Bougainville, Choiseul und Isabel. Bei dem Samoa-Abkommen vom Jahre 1900 sind aber die beiden letzten Inseln dem britischen Besitz zuerteilt worden. Die Grenze des deutschen Schutzgebietes läuft heute im Osten der Insel Bougainville durch die Bougainville-Straße hindurch nach Nordwesten bis in die Nähe der Tasman-Inseln. Dann zieht sie in genau westöstlicher Richtung zwischen dieser und der Gruppe der Lord-Howe-Inseln hindurch und wendet sich durch den inselfreien Ozean zu den Marshall-Inseln. Somit gehört heute zu dem deutschen Besitz nur noch Bougainville mit einigen kleinen Nachbarinseln, von denen die an ihrer Nordwestecke gelegene Insel Buka die größte ist.

Über den Aufbau von Bougainville, dessen Flächenraum auf 10 000 qkm geschätzt

Abb. 135. Eingeborene der Lord-Howe-Inseln. (Zu Seite 144.)

wird, besitzen wir nur Vermutungen. Vielleicht bilden archäische Felsarten das Grundgerüst; jungvulkanische Gesteine nehmen aber sicher großen Anteil daran. Noch heute entfalten aktive Vulkane im unbekannten Innern ihre Tätigkeit. Soweit man von außen sehen kann, bilden zwei von Nordwest nach Südost streichende Gebirge den Innenraum von Bougainville, das Kronprinzen- und das Kaisergebirge, von denen das letzte, westliche, im Vulkan Balbi, bis über 3000 m, das andere in einem anscheinend vulkanischen Gipfel bis gegen 2500 m emporsteigt. Küstenebenen, oft von reichen Mangrovebeständen umsäumt, umgeben sie und lassen in dem Dickicht ihrer Wälder Dörfer mit braunen Hütten erkennen; Rauchsäulen geben Kunde von Rodungen im Urwald, wie wir sie schon näher kennen gelernt haben und deuten ebenfalls auf eine beträchtliche Besiedelung hin.

Wunderbar schön ist der landschaftliche Anblick der von waldigen Inseln begleiteten und mit dichtem Waldwuchs bis in die wild zerrissenen Gipfel bekleideten Gelände von der See aus, ein Eindringen ins Innere aber hat bisher nicht ausgeführt werden können. Noch heute geschieht der Tauschhandel mit den Eingeborenen lediglich von den Schiffen aus. Die Wildheit und kriegerische Gefährlichkeit der mißtrauischen, der Menschenfresserei ergebenen Bevölkerung hat Ansiedelungen vollends bisher unmöglich gemacht.

Eine schmale Durchfahrt, König-Albert-Sund genannt, trennt Bougainville von Buka.

Die kleine Insel ist aus einem nördlichen flachen und einem südlichen gebirgigen Teil zusammengesetzt; sie verschmälert sich nach Nordwesten. Die Ost- und die Westküste stürzen ziemlich steil zur See hinab. Die gesamte Ostküste ist durch ein Wallriff ohne jeden Durchlaß verbarrikadiert, und auch der Zugang von Westen her durch zahlreiche Riffe gefährdet. Die flache, waldbedeckte, aus Korallenkalk gebildete nördliche Ebene besitzt einen brauchbaren Landungsplatz in dem Königin-Carola-Hafen (Abb. 130).

Wie die Salomo-Inseln unmittelbar reich mit Korallenriffen umsäumt sind, so werden sie auch weiter außen noch von selbständigen Korallenbildungen begleitet. So finden wir längs der Nordostseite der Inselgruppe einen Streifen solcher Koralleninseln, von denen in den deutschen Bereich das Tasman- oder Palowi-Atoll, das Marken- oder Marqueen-Atoll (Abb. 131 u. 132) und das Lagunenriff der Carteret-Inseln fallen, alle aus zahlreichen Eilanden bestehend. Die früher zum deutschen Besitz gehörige große Gruppe der Lord-Howe-Inseln ist mit Isabel und Choiseul an England abgetreten worden. Das in der westlichen Fortsetzung ihrer Reihe gelegene Nissan und die Feadgruppe haben wir bereits erwähnt.

Klima, Vegetation und Tierwelt der Salomo-Inseln kennen wir noch sehr wenig; im wesentlichen werden sie mit dem Bismarck-Archipel übereinstimmen.

* * *

Die Koralleninseln im Nordosten der Gruppe, Marken, die Lord-Howe-Inseln, Tasman, haben interessanterweise eine polynesische Einwohnerschaft, welche den Dialekt von Rarotonga (Cook-Inseln) sprechen und noch eine Tradition ihrer weiten Wanderungen bewahrt haben. Einige wertvolle Typen aus diesen bemerkenswerten Kolonien seien hier beigefügt, obwohl die Lord-Howe-Inseln jetzt nicht mehr deutsch sind (Abb. 133 bis 136).

Die Bevölkerung der Hauptinseln ist melanesisch.

Wie die Bismarck-Insulaner gegenüber den Leuten von Neu-Guinea, so stellen die Bewohner der Salomo-Inseln wieder den ersteren gegenüber einen körperlich kraftvolleren und anscheinend auch kulturell etwas fortgeschritteneren Typus vor. Es sind große, mächtige Gestalten mit stolzer Haltung und tief schwarzbrauner, oft an die Farbe des Rußes erinnernder Haut (Abb. 137). Auch die Frauen sind hier kräftiger, besser genährt und nach unseren Begriffen schöner. Das widerliche Schwarzfärben der Zähne kennen sie nicht. Sie gehen zwar vollständig nackt, aber ihre Industrie in Herstellung von Schmuck, Waffen, Kanus, Häusern, Holzschnitzereien aller Art ist anscheinend noch höher entwickelt, als im Bismarck-Archipel. Prachtvoll sind insbesondere die Speere, Bogen und Pfeile, auf deren Besitz der kriegerische Sinn des Volkes einen besonderen Wert legt

Abb. 136. Hütten auf den Lord-Howe-Inseln. (Zu Seite 144.)

(Abb. 138), nicht minder die Kanus. Für den Nahverkehr gibt es kleine Fahrzeuge für zwei bis drei Menschen höchstens, die mit unvergleichlicher Kunst aus ganz dünnem Holz herausgeschnitzt, mit Masten, Segeln versehen, buntfarbig angestrichen und durch einen Ausleger vor dem Umschlagen geschützt sind. Für größere Reisen und Kriegszüge dienen die großen Kanus ohne Ausleger, 4 bis 5 m lang, $^2/_3$ m breit und mit ihren aufwärts gehenden Enden ähnlich wie die Kanus der Gazelle-Halbinsel an venetianische Gondeln erinnernd. Sie werden bei Nichtgebrauch in sorgfältiger Ordnung in großen Bootshäusern untergebracht.

Der Bau der Hütten, die aus Bambus und Matten in Form langer Rechtecke mit gewölbtem Dach hergestellt werden, soll eine noch geschmackvollere Form aufweisen als im Bismarck-Archipel (Abb. 139); insbesondere findet man in den größeren Dörfern geräumige Versammlungshallen, Tambuhäuser genannt. Ein solches gelegentlich der Expedition Kraetke beobachtetes Haus war rings herum offen und hatte ein so schönes, hoch ragendes, regelmäßiges Dach, daß man es von weitem für ein europäisches Haus gehalten hatte. Neben dem Hause stand ein mächtiger Holzblock, aus dessen oberem Teil buntbemalte menschliche Figuren herausgeschnitten waren. Dieses Schnitzwerk, ebenso wie das an den sonstigen Häusern, Kanus und Pfosten, das mit Kalk schwarz, weiß oder rot bemalt wird, übertrifft an Sorgfalt und Geschmack ungleich die ähnlichen Arbeiten in den bisher behandelten Teilen Melanesiens. Auch die Töpferei erreicht eine hohe Blüte.

Abb. 137. Bukaleute, zum Tanz blasend. (Zu Seite 144.)

Die sozialen Einrichtungen scheinen ebenfalls gegenüber den Melanesiern vom Bismarck-Archipel eine weitere Stufe des Fortschritts aufzuweisen. Die Macht einzelner Häuptlinge erstreckt sich auf recht umfangreiche Distrikte. So fand die eben genannte Expedition den ganzen Archipel der Shortland-Inseln im Südosten von Bougainville im Besitz eines Königs Gorei (Abb. 140). Hugo Zöller, der Begleiter Kraetkes, schildert sehr interessant die Wohnung dieses Machthabers, der in einer langen, beinahe dunkeln Halle hauste, mit niedrigen Matten belegte Sofas oder Betten zu beiden Seiten. In dem Grade wie die Augen sich an die Dämmerung gewöhnten, wuchs die Anzahl der anwesenden Personen. Auf jedem der Bettgestelle hockten mehrere Weiber — der König hat deren achtzig bis hundert —, die alle so fleißig mit Nähen, Mattenflechten und anderen industriellen Künsten beschäftigt waren, wie in einer europäischen Fabrik. Gorei hielt sich diesen Harem eben nicht

Abb. 138. Bukaleute auf dem Kriegspfade. (Zu Seite 146.)

wie ein Sultan zum Vergnügen, sondern als wohlberechnender Groß-Industrieller und Kaufmann. In gewaltigen von der Decke herabhängenden Körben waren Dutzende schön geflochtener Matten aufgespeichert, anscheinend der Hauptartikel der königlichen Manufaktur. Kleine mit Schildpatt eingelegte Tonkrüge enthielten den Wasservorrat des Hauses. In riesigen Holzmörsern wurden Lebensmittel gestampft. Weiber und Mädchen wehten sich bei der Arbeit mit geflochtenen herzförmigen Fächern Kühlung zu. Mit Recht macht B. Hagen darauf aufmerksam, wie wir angesichts solcher Zustände einen Blick in die ältesten Anfänge unserer eigenen Kultur, in die Entstehung des Königtums werfen.

Ein Spaziergang durch die dichtbevölkerte Insel führte die Reisenden immer in wenigen Minuten von einem Dorf zum andern. Leider ist gerade diese besonders fortgeschrittene Inselgruppe bei dem Samoa-Vertrag mit an England gefallen.

Der Charakter der Salomo-Insulaner gilt als besonders wild, aber auch hier wird das gerechte Urteil erst zu ermitteln suchen, wie viel Schuld an der feindseligen Haltung den schlimmen Erfahrungen mit den Europäern, insbesondere mit den Besatzungen der Arbeiterwerbeschiffe zuzuschreiben ist. Die Leute von Buka sind längst als ein ausgezeichnetes Material für Arbeiter und Polizeisoldaten bekannt, und es läßt sich erhoffen, daß auch die Insulaner von Bougainville dereinst dafür gewonnen werden können. Ausdrücklich ist im Samoa-Vertrag bedungen, daß Deutschland auch fernerhin das Recht haben sollte, ebenso auf den früher deutschen Inseln Choiseul und Isabel weiter Anwerbungen zu machen. Man wird sich freilich nicht verhehlen können, daß dieses Recht bei irgend einer Spannung mit England leicht illusorisch werden kann, denn angesichts der Art, wie sich solche Arbeiteranwerbungen selbst bei sorgfältiger Regierungsaufsicht nun einmal vollziehen, wird sich immer eine Ursache finden, sie zu verbieten.

Abb. 139. Dorf auf den Salomo-Inseln. (Zu Seite 146.)

Wer überhaupt an die Entwickelungsfähigkeit der melanesischen Kolonialgebiete glaubt, wird deshalb den Verlust der beiden großen, von einer so wertvollen Bevölkerung besiedelten Inseln Isabel und Choiseul, nebst ihren dazu gehörigen Nachbareilanden lebhaft beklagen.

Schlußwort.

Die zukünftige Entwickelung unserer Südsee-Kolonien vorherzusagen, ist bei der Fülle der Faktoren, von denen sie abhängt, sehr schwierig. Am aussichtsreichsten erscheinen in jedem Falle die melanesischen Besitzungen. Sie haben wenigstens eine hinreichende territoriale Ausdehnung, ihr Boden ist ungemein fruchtbar, und die Bevölkerung bietet die Hoffnung, daß sie bei richtiger Behandlung in steigendem Maße zur Arbeit in den Plantagen herangezogen werden kann. Von besonderer Bedeutung ist für sie ferner, daß sie auf der gegebenen Weltstraße zwischen Ostasien und dem östlichen Australien liegen und von der zunehmenden Entwickelung dieser beiden großen Kulturgebiete dereinst einen wesentlichen Vorteil ziehen werden. Es ist wohl möglich, daß sich in einer, wenn auch sicher nicht naheliegenden Zukunft hier ein den holländischen Sunda-Inseln ähnliches Kolonialreich entwickeln läßt.

Was die anderen Inselgruppen betrifft, so sind sie zu klein und zu verstreut, um eine große koloniale Zukunft versprechen zu können. Auch ist insbesondere auf den Koralleninseln der Boden zu wenig ergiebig, und die polynesische und mikronesische Bevölkerung zu stolz oder zu faul, um ein Arbeitermaterial zu liefern, auf das der Europäer, dem das Klima eigene körperliche Arbeit verbietet, immer angewiesen sein wird. Ihre Entlegenheit in den Weiten des Ozeans stellt sie für den Handel überdies sehr ungünstig und politische Eifersucht der Amerikaner und Engländer wird es mit sich bringen, daß auch der Bau eines mittelamerikanischen Kanals daran nur wenig ändert.

Der Hauptwert dieser Inseln für Deutschland als Gesamtheit wird daher weniger ein materieller als ein ideeller sein. Ihr Besitz in diesen fernen Gegenden ist unzweifelhaft ein bedeutender Faktor für das äußere Ansehen Deutschlands im Rate der Völker, und auch das halte ich für einen idealen Wert, daß Deutschland hier in die Lage versetzt wird, kleine Paradiese der Erde vor ihrer Vernichtung zu schützen. Gerade weil wir hier mit so viel Klarheit erkennen, daß die wirtschaftliche Ausbeutung der Natur und des

Volkes doch niemals bedeutende Ergebnisse zeitigen wird, darf man die allmählich immer weitere Verbreitung des Gedankens erhoffen, daß es eine edle Aufgabe ist, die entzückende Natur dieser Inselchen vor nutzlosen, aber vernichtenden wirtschaftlichen Experimenten zu schützen, und die liebenswürdige, anmutvolle Bevölkerung vor Versklavung durch Anzüchten von Kulturbedürfnissen, vor dem raschen Untergang durch gewaltsame Einimpfung einer für sie nutzlosen, oder vielmehr sicher vernichtenden europäischen „Kultur" zu bewahren. Es ist vielleicht ein Luxus, daß wir uns diese Kolonien halten, aber ein reicher und vornehmer Mann muß einen gewissen Luxus entfalten. Das gehört nicht nur zu seinen Verpflichtungen, sondern ist auch nützlich. Es hebt seinen Kredit und mehrt damit seine Macht. Deutschland ist heute unter den Völkern ein reicher und vornehmer Mann und kann und soll deshalb sich auch Luxusausgaben leisten, wenn sie zugleich irgend einen ästhetischen oder idealen Wert haben.

Abb. 140. König Gorei. (Zu Seite 146.)

Literatur.

Hauptsächlich benutzte Werke:

Blum, Hans. Neu-Guinea und der Bismarck-Archipel. Berlin 1900.

Brose, Maxim. Die deutsche Kolonial-Literatur von 1884—1895 und vier Fortsetzungen. Die letzte enthält die Literatur von 1900. Berlin. Süsserott.

Christian, F. W. The Caroline Islands. London 1899.

Denkschriften für den Reichstag über die Entwickelung der deutschen Schutzgebiete in Afrika und in der Südsee.

Finsch, Otto. Samoafahrten. Leipzig 1888.

Fitzner, Rudolf. Deutsches Kolonial-Handbuch. 2. Aufl. Berlin 1901.

Friederichsen, Max. Die Karolinen. Mitt. d. Geogr. Ges. Hamburg XVII.

Hagen, B. Unter den Papuas in Deutsch-Neu-Guinea. Wiesbaden 1899.

Hernsheim, Franz. Südsee-Erinnerungen 1875 bis 1880. Berlin 1883.

Kraemer, Augustin. Die Samoa-Inseln. Bd. I. Stuttgart 1902.

Krieger, Maximilian. Neu-Guinea. Berlin o. J. (1899.)

Kubary, J. S. Ethnographische Beiträge zur Kenntnis des Karolinen-Archipels. Berlin und Leiden 1885—1895.

Meinicke, Die Inseln des Stillen Ozeans. 2 Bde. Leipzig 1888.

Parkinson, Im Bismarck-Archipel. Leipzig 1887.

Ratzel, Fr. Völkerkunde. 2. Aufl. Leipzig und Wien 1894.

Reclus, Élisée. Géographie universelle. Vol. XIV. Océan et terres océaniques. Paris 1889.

Reinecke. Samoa. Berlin o. J. (1902.)

Ruge, S. Geschichte des Zeitalters der Entdeckungen. Berlin 1881.

Schanz, M. Australien und die Südsee. Berlin 1901.

Schmidt, Rochus. Deutschlands Kolonien. Bd. II. Berlin o. J. (1895.)

Seewarte, Deutsche. Segelhandbuch für den Stillen Ozean. Mit einem Atlas. Hamburg 1897.

Semper, K. Die Palau-Inseln. Leipzig 1893.

Sievers, W. Australien und Ozeanien. Leipzig und Wien 1895. 2. Aufl. 1902.

Zöller, Hugo. Deutsch-Neu-Guinea. Stuttgart 1891.

Verzeichnis der Abbildungen.

Register.